冯友兰的
伦理思想

陈 来

生活·讀書·新知 三联书店

Copyright © 2018 by SDX Joint Publishing Company.
All Rights Reserved.

本作品版权由生活·读书·新知三联书店所有。
未经许可,不得翻印。

图书在版编目(CIP)数据

冯友兰的伦理思想/陈来著.—北京:生活·
读书·新知三联书店,2018.11
ISBN 978 - 7 - 108 - 06316 - 8

Ⅰ.①冯… Ⅱ.①陈… Ⅲ.①冯友兰(1895-1990) -
伦理思想-思想评论 Ⅳ.① B261.5

中国版本图书馆 CIP 数据核字(2018)第 101139 号

特邀编辑	孙晓林	
责任编辑	冯金红	
装帧设计	蔡立国	
责任印制	宋　家	
出版发行	生活·讀書·新知 三联书店	
	(北京市东城区美术馆东街 22 号 100010)	
网　　址	www.sdxjpc.com	
经　　销	新华书店	
印　　刷	河北鹏润印刷有限公司	
版　　次	2018 年 11 月北京第 1 版	
	2018 年 11 月北京第 1 次印刷	
开　　本	880 毫米 × 1230 毫米　1/32　印张 8.75	
字　　数	158 千字	
印　　数	0,001 - 8,000 册	
定　　价	49.00 元	

(印装查询:01064002715;邮购查询:01084010542)

谨以此书献给宗璞

目 录

弁　言 …………………………………………… 1

冯友兰的"伦理概念"说 ……………………… 1
　　——兼论冯友兰对陈寅恪的影响
　　一 ……………………………………………… 1
　　二 ……………………………………………… 11
　　三 ……………………………………………… 30

冯友兰新理学时期的道德思想 ……………… 37
　　一　论忠孝的所为 …………………………… 37
　　二　论道德无所谓新旧 ……………………… 43
　　三　论可变的道德与不可变的道德 ………… 49
　　四　论中国以尊崇道德为国风 ……………… 59
　　五　小结 ……………………………………… 68

冯友兰《新世训》的非道德德行论 ………… 75
　　一 ……………………………………………… 76
　　二 ……………………………………………… 85
　　三 ……………………………………………… 95

1

四 ………………………………………… 101

境界伦理学的典范 ……………………………108
　　——有关冯友兰《新原人》的思考
　　一　境界论的开始 ……………………………110
　　二　意义和觉解 ………………………………116
　　三　总论四种境界 ……………………………123
　　四　对"自然境界"的反思 …………………131
　　五　对"功利境界"的反思 …………………138
　　六　对"道德境界"的反思 …………………150
　　七　对"天地境界"的反思 …………………159
　　八　境界伦理学的完善 ………………………164

论道德遗产的抽象继承问题 …………………172
　　——兼论诠释学视野中的文化传承问题
　　一　哲学遗产的"抽象继承" ………………172
　　二　道德遗产的继承内容 ……………………182
　　三　对"继承"的理论分析 …………………186
　　四　晚年的分析和反省 ………………………191
　　五　关于"具有普遍性形式的思想" ………197
　　六　诠释学的文本理论与创造性继承 ………204

冯友兰的教育实践与教育理念 ………………220
　　——以其在清华时代为中心

一 教育事功…………………………………… 220
二 改大废董…………………………………… 226
三 维持代理…………………………………… 235
四 教授治校与教育民主……………………… 245
五 教育理念…………………………………… 259

弁 言

从2015年10月开始到2016年7月，我一共写了四篇有关冯友兰先生伦理道德思想研究的论文，并相继发表在《北京大学学报》《清华大学学报》《文史哲》《复旦大学学报》等学术刊物上。

此项研究是想把冯友兰先生的伦理道德思想作为中国传统伦理道德思想现代转化过程的一个个案来加以研究。应该说，冯友兰先生的思想是有其典型意义的。因为，他从20世纪20年代在美国做博士论文开始，就以人生哲学为其重点，回国后出版了几种以人生哲学为名的书；此后，随着他的新理学哲学思想的形成建立，道德与人生始终是他关注的重点；他不仅用新实在论建立了其新理学的道德论，甚至可以说道德价值论是新理学建构的起点；他在抗战初期关注传统道德在现代社会的调适转化，并在40年代完成了其境界伦理学的建构，使其道德人生思想更加完整。1950年代，在对传统文化的批评成为主流的境况下，为了守护中国传统的道德价值和理想，他大胆提出了道德遗产"抽象继承"的问题，引起了广泛的讨论。他一生中有关伦理道德问题的思考分析，在一定程度上代表了20世纪中国现代哲学家的道德思考和文化追求,在我们今天努力推进中华文化不断传承发展、转化创新时,值得珍视和研究。

  本书以这最新撰写的四篇论文为主体,外加一篇以前写的论《新世训》的论文,庶几读者可以看到冯先生道德思想的总体,以及我对其思想的全面解读。关于冯友兰先生教育思想的研究论文,是我在清华大学纪念冯先生115周年会议上提交的,也一并附此,请读者加以批评。

  本书的研究得到了中央文史馆"中华优秀传统文化的创造性转化和创新性发展"课题的支持。

陈来

2018年3月于清华学堂

冯友兰的"伦理概念"说

——兼论冯友兰对陈寅恪的影响

冯友兰在20世纪20年代中后期写过一组重要的文章,对中国社会伦理、祭祀意义、神秘主义、新实在论、郭象哲学等作了重要研究,这些研究既是他自美国留学归国后对中国哲学研究的系列重要成果,也可以看作他的中国哲学史写作的前期准备,和其新理学建构的准备,在其思想学术发展历程中具有不容忽视的重要意义。关于他对神秘主义的早期研究我已经有过专门讨论,本文专就这一时期他的社会伦理概念研究作一论述分析。

一

1926年12月冯友兰写了一篇重要论文,这就是《名教之分析》。文章一开始就宣明"名教"是此文研究的主题:

> 我们常听人说"纲常名教"。纲自然是三纲,常自然是五常,这些名词的意义,都是极确定的。至于所谓名教,其意义就不十分确定了。所谓名教,大概是指社会里

的道德制度,与所谓礼教的意义差不多。我们又常听说"名分"。名分、名教,这些名词都是早已流行。如《庄子·天下篇》说:"《易》以道阴阳,《春秋》以道名分。"《世说》乐广说:"名教中自有乐地。"本篇的意思,就在说明所谓名分、名教之名之意义。[1]

冯友兰认为,"纲常"的意义是很确定的,尤其是纲与常,但"名教"的意义不太确定。名教一词,从教的角度看与礼教的意义相近,从名的角度看又与名分的意义相近。他说名教大概指社会的道德制度,但我们看,冯友兰此下的论述并不是集中在制度,而是集中在理念。可见这里以名教为道德制度的定义并不完整,他自己的具体解释和关注与这个定义也不完全符合。

> 我们学过论理学或文法的,都知道名,即名词,有许多种类。有公名,即普通名词,有私名,即固有名词,有抽象名词,有具体名词,等等。不拘何种名词,其所指的,都是一个概念或观念,其全体或其一部分,是可知而不可感觉的。普通名词所指之全部,是不可感觉的。例如桌子,我们不能感觉"桌子";我们所感觉者乃"此桌或

---

[1] 《三松堂全集》第十一卷,河南人民出版社,2001年,81页。

彼桌"。"桌子"是概念，此桌或彼桌是个体。至于固有名词之所指，普通以为是可感觉的，但亦不尽然。[1]

普通名词即普遍概念，普遍概念是一类事物的抽象，所以是不可感觉的，可感觉的只是此类之中一个个个体。那么固有名词呢？

例如"北京大学"一名词之所指，其中之一部分是可感觉的。我们可以看见他的大楼，碰见他的教员学生，但"北京大学"一名之内涵——我以为固有名词也有内涵——决不只是几座大楼及几百教员、几千学生。他的二十多年的历史，他的教职员学生对于社会国家之贡献，以及他在社会上的地位，等等，都是他的内涵的部分。"北京大学"是一个观念。固有名词所指，皆是一个观念。不过固有名词所指，是独一无二的，他所指变，他的内涵也就随之而变。普通名词所指是一类；此一类中之个体虽少数有变，其结果不过是此少数不得属于此类，而此普通名词之内涵，则并不变。……普通名词代表一概念；此概念的义蕴，即是此普通名词所指之物之要素、共相。这些要素或共相，若用言语文字表出，即是此名词所指之

---

[1] 《三松堂全集》第十一卷，81页。

物之定义。说某某大学不算"大学",就是某某大学没有"大学"之要素,不合乎"大学"之定义。[1]

冯友兰从年青时开始,十分注重概念的逻辑分析,这也是他此后一贯的学术特色。他认为名词的内涵就是一个概念,名词的外延就是其所指对象,固有名词的所指对象是一个,普通名词的所指对象是一类。普通名词的内涵即此名词所指的一类事物的要素或共相,这些要素或共相用文字表达出来就是定义。冯友兰这里所说的"普通"即是"普遍"。区分个体和普遍,是他的主要分析方法。

孔子说:"君君,臣臣,父父,子子。"(《论语》)上一个君字即是指的个体的君,具体的君;下一个君字是指普通的君、抽象的君,臣、父、子等类推。孔子又说:"觚不觚,觚哉!觚哉!"觚不觚,上一个觚字,也是指个体的、具体的觚;下一个觚字,也是指的普通的、抽象的觚。孔子主张正名,就是想叫个体的事物,都合乎他的名,合乎他的定义,换言之,即是各如其所应该。君应合乎君之所应该,臣应合乎臣之所应该。这就是所谓"君君,臣臣……"的意义。[2]

---

[1] 《三松堂全集》第十一卷,82页。
[2] 同上。

"普通的"即"普遍的"。一个个体要符合其所属类的普遍定义,这就是"正名"。一个君要合乎君的名,君的名即君的定义、标准、应该;一个臣要合乎臣的名,臣的名即臣的定义、标准、应该。这是现代中国哲学史学者最早用"普遍""抽象"的概念解释"君君臣臣父父子子"和"正名"的意义。

> 在西洋哲学里,概念很重要。柏拉图特意为概念另立一个世界。中国人在理论方面,除了孔子讲正名,公孙龙讲白马非马外,其余哲学家都不讲概念。就是孔子及公孙龙所讲,虽是概念,但他们却也似乎没有自觉他们所讲的是概念。但在实践方面,概念在中国,却甚有势力。名教,名分,在中国有势力。名所指的就是概念。[1]

他认为,名教、名分的名就是概念。道德实践离不开概念,概念是道德实践的重要方面,照他的理解,道德实践就是个体要符合普遍的概念。以下他便对忠孝等名教概念进行了分析。

> 就拿忠孝来说罢。臣为什么要忠君呢?有一种说法是:君待臣有恩,臣要报恩,若君待臣没有恩,臣也

---

[1] 《三松堂全集》第十一卷,82页。

就不必报恩了。孟子说:"君之视臣如手足,则臣视君如腹心……君之视臣如土芥,则臣视君如寇仇。"(《孟子·离娄下》)豫让说:"众人遇我,我故众人报之……国士遇我,我故国士报之。"(《史记·刺客列传》)[1]

把忠孝解释为对君父的报恩,如君对臣有恩,故臣对于君的忠乃是报恩。这种说法是功利主义的说法,不是义务论的说法,冯友兰也指出这种报恩的说法不是中华文化传统的主流说法。但如后来冯友兰在《新事论》中所说,古代受聘做官者与未仕的人对于本朝的道德义务不同,道德标准不同,这也可以说属于恩的不同。

不过这种说法不是以后主持名教者之正统的(orthodox)说法。按正统的说法,君可不明,臣不可不忠;父可不慈,子不可不孝。韩愈说:"臣罪当诛兮,天王圣明。"此言正是主持名教者之正统的说法。后来每朝亡国,皆有殉君之臣,不管那事实上的亡国之君,是不是有配叫人殉的价值。其所以,就是那些忠臣所殉的是君,君之概念,君之名,并不是事实上的崇祯或其他亡国之君的个人。

---

[1] 《三松堂全集》第十一卷,83页。

梁巨川先生殉清而死，但他又说他所殉的不是清朝。他所殉的不是清朝，更不是光绪宣统，他所殉的是他的君。

其实，民国初年，在国家体制转型后梁启超就已提出过这一问题，他说："古代国家统治权集于君主，国家抽象而难明，君主具体而易识，于是有忠君之义。然我国之所谓忠君，非对于君主一自然人之资格而行其忠，乃对于其为国家统治者之资格而行其忠，此其义在经传者数见不鲜也。故君主不能尽其对于国家之职务，即认为已失统治国家之资格，而人民忠之之义务，立即消灭。"[1]对此冯友兰也提出了他的重要观点，对于"忠君"而言，中国古代忠臣的忠诚行为，与其说是对某一君主个人的忠诚，不如说其实是表达他们对君的概念的忠诚。我们大概很难说整个历史上的忠臣都与其君主没有个人性的关联，而只是忠于自己的观念，但确实多数臣子遇到的不是圣明的君主，而这并没有减少他们的忠的信念。没有减少对自己所承担的普遍性义务的忠诚。那么，怎么解释这一点呢？按照冯友兰的看法，这是因为他们在信念上并不是要忠于具体的某一君主，而是抽象的君主地位。其实，也可以说，这些臣子更忠于自己的关系责任和价值信念，就冯友兰举出的梁巨川的例子来看，他们把义务本身看得更重要。无论如何，冯友兰的分析

---

[1] 梁启超：《中国道德之大原》，此文写于1902年，载《梁启超全集》四，北京出版社，2475页。

表达了他作为哲学家对传统忠孝道德的一种"同情的了解",也显现出新实在论的哲学分析对他的影响。

> 宋儒说:"天下无不是底父母。"这与韩愈"天王圣明"的话,一样意思。按照父的要素,父的名,父当然是慈的。按照君的要素,君的名,君当然是明的。但普通的、抽象的君父,非附在特殊的、具体的个体上,不能存在于这个具体的、实际的、实践的世界上。所以臣、子,为忠于君,孝于亲,不能不对于实际的、具体的个人,实践忠孝。而这些实际的、具体的个人之为君父者,往往不能皆如君父之名之要素,如其所应该。然无论事实上具体的君父怎么样,臣子总要忠孝。因为原来他们所须忠于,所须孝于的,并不是这些事实上的具体的君父,而乃是事实上具体的君父代表之概念。[1]

冯友兰从所谓名教,直接进入伦理道德的讨论,他要用实在论的区别普遍与特殊,区别概念和个体的哲学方法来处理中国古代伦理的诠释。从存在论来讲,普遍必须附载在特殊的个体之上,才能在具体的世界发生作用。冯友兰认为,在伦理实践上,忠孝的行为不可能离开实际的君父,但本质上,忠臣孝子

---

[1] 《三松堂全集》第十一卷,83页。

其所忠孝的对象,并不在实际的君主,实际的君主可能是不完美的个体,但这不影响忠臣孝子的行为,因为他们真正关注的是君父代表的概念、观念。君之所以为君的标准是超越不完美的个别君主的。冯友兰的这一解释,发人之所未发。他的这种理解比起那个时代对传统道德的一般理解,应该说是提高了一个层次。不仅他的理解高了一个层次,此种理解中的道德观念本身也被提高了一个层次,即这些忠臣的忠并不是封建的愚忠,而是富有哲学普遍意义的道德献身。这是后来陈寅恪采取其说的一个原因。但他只讲忠于君父的概念,不讲忠于自己的关系责任、义务和信念;以为不是个体就是共相概念,并没有想到不是个体,也可以是别的东西,似乎还是受新实在论影响太大了。但无论如何,忠臣的行为确实往往不是为了不完美的君主个人。而解释说明这一点,是哲学家的重要课题。

按旧礼教,妻应为夫守节,或殉夫,其理由也是如此。妻应为夫守节,并不是因为夫妻之间恩爱。按旧说法,寡妇夜哭,尚为非礼;夫妻恩爱四字,如何能说出口。按旧礼教,夫即待妻无恩,或曾虐待妻,妻也要为夫守节。要知道她是为她的"夫"(夫之名)守节,并不是为事实上具体的某人守节。袁子才的妹嫁给一极坏的人为妻,尚能曲尽妻道。要知道她是为她的"夫"(夫之名)尽"妻"(妻之名)道,并不是特厚于事实上具体的某人。她是屈服于名、概念,并不是屈服于事实上具体的某人。[1]

所以冯友兰在历史上第一次提出社会伦理行为的动机不是在着眼于个体对象,而是在于概念,他所说的概念实际上包含了抽象的道德义务,即道德义务的一般性,只是他自己太沉迷于柏拉图的共相概念说了。他还指出:

> 中国也曾有人设法把名及代表名之个体分开的。孟子说:"闻诛一夫纣矣,未闻弑君也。"他把纣与"君"分开。晏平仲说:"君民者,岂以陵民?社稷是主;臣君者,岂为其口实?社稷是养。故君为社稷死,则死之。为社稷亡,则亡之。若为己死而为己亡,非其私昵,谁敢任之?"(《左传·襄公二十五年》)君为社稷死,则是以君之资格死,臣可从死。若为己死,则是以个人资格死,臣亦不必管他。推之,事实上的个体的父与夫,若不合其所代表之名,则子与妻亦可不以之为父与夫。这种分别,本是极有道理的,无奈不为正统派的名教所采用。这种分别,若采用,则中国历史上可少许多不合理的事情。[2]

---

[1] 《三松堂全集》第十一卷,83页。
[2] 同上书,84页。

冯友兰认为，在中国思想史上，普遍概念与此概念外延中的特定个体，是被区别过的。如孟子主张"君"和纣不是一回事，君是普遍概念，纣是具体的个人。还可以看出，冯友兰受到"新文化运动"的影响，对所谓"正统派的名教"的不合理处有所指摘，这与吴宓、陈寅恪保守地坚持三纲六纪的观念，有所不同。所以他在文章最后说：

> 我们研究一个事实，不一定就是赞成那个事实。我们分析名教，并不一定就是维持名教。这是我所要向读者声明的。[1]

此文原注写成的时间是"十五年十二月二十三日"，即1926年12月，据《全集》，此文原刊载于《现代评论》第二周年纪念增刊，1927年1月出版。[2]

二

上文写成三个月之后，1927年3月冯友兰又写成了另一篇具有同样重要意义的论文《中国之社会伦理》，进一步申明、推进了上文的思考。这次他不再针对"名教"，而是直指"伦

---

[1] 《三松堂全集》第十一卷，84页。
[2] 同上。

常"。说明他在这个问题上有了更明确的伦理意识的自觉,他说:

> 中国之社会伦理乃是一个大题目,断非几千字所能讲清楚。本文为字数所限,只可讲中国社会伦理中之一点,即中国之传统的伦常问题。
>
> 中国向来依人之职业之不同,而将其分为四类,即所谓士、农、工、商。这一层不论。此外另有一种分类法,即是依人对于人之关系不同,而将其分类。依此标准,普通将人分为九类,即是君、臣、父、子、夫、妇、兄、弟、朋友。在这九类中,君与臣、父与子、夫与妇、兄与弟,是相对待底。普通将这些相对待的,连合言之,于是即有五伦。《中庸》说:"君臣也,父子也,夫妇也,兄弟也,朋友之交也;五者天下之达道也。"这就是普通所谓五伦。[1]

伦常一般是指人伦关系的常道,伦就是人伦关系。中国古代认为人伦关系最重要的是君臣、父子、夫妇、兄弟、朋友五种,故又称五伦。但冯友兰为了用类概念来进行分析,故把五伦的各关系方解析为九类,每一类是具有某一身份的人。比如父亲

---

[1] 《三松堂全集》第十一卷,122页。

为一类，儿子为一类等。他似乎觉得关系不能用类来分析，故冯友兰选择九类身份人群进行分析。其实，关系不见得不能用类来加以分析。

> 如是将人分为这些类，每类与它一个类名，代表一个"所应该"。属于某类之个体，皆需依照其类名所代表之所应该而行。《论语》说："齐景公问政于孔子，孔子对曰：'君君，臣臣，父父，子子。'公曰：'善哉！信如君不君，臣不臣，父不父，子不子，虽有粟，吾得而食诸？'"（《颜渊》）个体者皆能依照其类各所代表之所应该而行，则国家社会，即可治平；否则扰乱。[1]

冯友兰认为在这样的分类中，根据正名的思想，每个类名即代表这类人所应该做的事，或所应该成为的人。他按照孔子"君君，臣臣，父父，子子"的主张，把君臣父子四类人的标准扩大至九类，也就是再加上夫夫，妇妇，兄兄，弟弟，朋朋，友友。每类中的人都应按此类的应该来行事，如君要按君的应该行事，君要像君的样子，以此类推。

> 中国的传统政治社会哲学多主张这个原理，而维持这

---

[1] 《三松堂全集》第十一卷，122页。

个原理最有势力的工具,就是古今两部史书:《春秋》及朱子之《资治通鉴纲目》。现在我们先说这些类名所代表的应该是什么。《左传·文公十八年》太史克说:"……舜臣尧……举八元,使布五教于四方:父义,母慈,兄友,弟恭,子孝……"《大学》说:"为人君止于仁,为人臣止于敬,为人子止于孝,为人父止于慈,与国人交止于信。"《礼运》说:"父慈,子孝,兄良,弟悌,夫义,妇听,长惠,幼顺,君仁,臣忠;十者谓之人义。"《孟子》说:"父子有亲,君臣有义,夫妇有别,长幼有序,朋友有信。"每一伦都有他的德Virtue。这德就是这个类名所代表之所应该。[1]

这里说的类名是指父母、兄弟、君臣等,这些类名有其应该,他们的应该即义、慈、友、恭、仁、敬等道德概念,某一类名的道德概念都是一种应该。应该即是规范,《大学》说为君止于仁,仁就是君的应该、君的德;为臣止于敬,敬就是臣的应该、臣的德。《礼记·礼运》的十义,与孟子讲五伦关系不同,是把五伦关系的每一方作为一类,把每一类人的应该规范都明确作了规定,如父是慈,子是孝等。每类人有其类之名,此类之名都联结着其所对应的这一类人的所应该。冯友兰

---

[1] 《三松堂全集》第十一卷,123页。

认为人的应该、规范便是"德",德就是此类名的应该,这个说法与希腊的德性伦理学的说法有所不同,具有中国哲学特别是儒家哲学的特色。只是冯友兰当时还没有讲清楚中国伦理学中所说的"一类"是指某一人伦关系中一方,不能脱离了人伦关系成为独立一类。如他所分析的九类人实是五伦中某一伦中的一方,而不是脱离了五伦的独立之类。他虽然说每一伦都有其德,但他更强调的是德是类之德。所以冯友兰的做法虽然有利于他进行新实在论的分析,但也有把类或个体抽离了关系(伦)的危险。

后来又有于这五伦之中,特别注重三伦,即是三纲之说。《白虎通·三纲六纪》云:"三纲者,何谓也?谓君臣、父子、夫妇也。六纪者,谓诸父、兄弟、族人、诸舅、师长、朋友也。故《含文嘉》曰:'君为臣纲,父为子纲,夫为妻纲。'又曰:'敬诸父兄,六纪道行,诸舅有义,族人有序,昆弟有亲,师长有尊,朋友有旧。'何谓纲纪?纲者,张也;纪者,理也。大者为纲,小者为纪;所以张理上下,整齐人道也。人皆怀五常之性,有亲爱之心,是以纲纪为化,若罗网之有纪纲而万目张也。……君臣、父子、夫妇,六人也。所以称三纲何?一阴一阳谓之道,阳得阴而成;阴得阳而序;刚柔相配,故六人为三纲。……六纪者,为三纲之纪者也。师长,君臣之纪也,以其皆成己也。诸父兄弟,父子之纪也,以其有亲恩连也。诸舅朋友,夫妇之纪也,以其皆有同志为己助也。"这是于诸伦之中,特别提出三伦为纲,而使其余分属之。而"君为臣纲,父为子纲,夫为妇纲"之说,在中国社会伦理上尤有势力。依向来之传统底见解,评论人物,多注意于其"忠孝大节",若大节有亏,则其余皆不足观。至于评论妇人,则只当注意于贞节问题,即其对于夫妇一伦之行为。"饿死事小,失节事大",苟一失节,则一切皆不足论矣。[1]

冯友兰此下对三纲六纪作了详细分析。他认为,汉代从孟子的五伦中,再提出三伦为重点,即君臣、父子、夫妇三种基本人伦,这就是三纲。至于六纪则是指三纲以外的诸父、兄弟、族人、诸舅、师长、朋友六种人伦。在这个意义上,三纲六纪共是九伦,即九种基本人伦关系,其中三纲是大伦,六纪是小伦。但照《白虎通》的讲法,三纲六纪不仅是九种人伦关系,也是九种人伦规范,如孟子提到父子有亲,君臣有义,夫妇有别,再加上敬诸父兄,诸舅有义,族人有序,昆弟有亲,师长有尊,朋友有旧。其中三纲是大伦大节,若大节有亏,则其余皆不足观。纬书把原始的三纲发展为阴阳结构的三纲,于是纲不仅是一种基本关系,也

---

[1] 《三松堂全集》第十一卷,123页。

是每一关系中主导（阳）的方面了。

"君为臣纲，父为子纲，夫为妻纲。"于是臣、子、妻即成为君、父、夫之附属品。关于这一点，中国传统底伦理学家，又在中国哲学中之形上学里找到根据。《白虎通》以"一阴一阳谓之道"说三纲，已如上述。《易·坤·文言》云："阴虽有美，含之以从王事，弗敢成也；地道也，妻道也，臣道也。地道无成，而代有终也。"董仲舒说："阳始出，物亦始出；阳方盛，物亦方盛；阳初衰，物亦始衰。物随阳而出入，数随阳而终始。三王之正，随阳而更起。以此见之，贵阳而贱阴也。故数日者据昼而不据夜；数岁者据阳而不据阴，阴不得达之义。是故《春秋》之于昏礼也，达宋公而不达纪侯之母。纪侯之母，宜称而不达，宋公不宜称而达。达阳而不达阴，以天道制之也。丈夫虽贱皆为阳，妇人虽贵皆为阴。……是故《春秋》君不名恶，臣不名善，善皆归于君，恶皆归于臣；臣之义比于地。故为人臣者视地之事天也，为人子者视土之事火也……傅于火而调和养长，然而弗名者，皆并功于火。……孝之至也。是故孝子之行，忠臣之义，皆生于地也。"（《春秋繁露·阳尊阴卑》）《白虎通》又云："子顺父，妻顺夫，臣顺君，何法？法地顺天也。"（《论人事取法五行》）以上所说，当然于为君者最有利，因为照定义，他就是不能受人反对底。

《礼运》说:"故天生时而地生财,人其父生而师教之;四者,君以正用之,故君者,立于无过之地也。"为子者虽吃亏,而尚有为父之时。惟妇永不能为夫,故她亦永无翻身之日。这就是中国几千年尊君抑臣,重男轻女之局。[1]

三纲中以君父夫为主,以臣子妻为附,汉代对此作了宇宙论的论证,此种论证主要是借助天地、阴阳的关系来论证,认为阳尊阴卑,以地事天,故君父夫任何时候都居于阳尊而贵于臣子妻,后者居于阴卑只能顺从于前者。冯友兰在论述中对这种尊君抑臣、重男轻女的传统给予了批评,显示出他肯定了"新文化运动"在这些方面的批判。

这个局面也并非是秦汉以后才有。《左传》宣公二年,赵穿把晋灵公害了。"太史书曰:'赵盾弑其君',以示于朝。宣子曰:'不然。'曰:'子为正卿,亡不越竟,反不讨贼,非子而谁?'"又襄公二十五年,崔杼把齐庄公害了。"太史书曰:'崔杼弑其君。'崔子杀之,其弟嗣书而死者二人。其弟又书,乃舍之。"可见当时,"弑君"二字,照定义就是弥天大罪,人人所共得而诛。《春秋》隐公四年:"九月,卫人杀州吁于濮。"《公羊

---

[1] 《三松堂全集》第十一卷,124页。

传》:"其称人何?讨贼之辞也。"何休注:"讨者,除也。明国中人人得讨之,所以广忠孝之路。"故陈恒弑其君,孔子沐浴而朝,请讨之。(《论语·宪问》)至于卫灵公、齐庄公等之果为何见害,则是事实问题,乃另外一回事。董狐、孔子等,只认臣不能弑君这个形式问题。

他们所注意者,不是某个体杀某个体,而乃是"臣弑君"。《春秋》及朱子《纲目》式的史书遇见这些事,只大书特书一个某某"弑其君",便轻轻地把那个人的罪确定了。孟子有时主张把名及代表名之个体分开(详下),但他又说:"孔子作《春秋》而乱臣贼子惧。"特意提出乱臣贼子,可见他仍为传统的见解所束缚。[1]

照这里所说,不管被杀的君主个人是谁,此君主的行为是善是恶,只要是君就不应被臣下所杀,诛杀君的臣必须背负"弑君"的罪名。这和前文所说,不管君主个人值不值得忠,只要是臣的身份就必须尽忠,伦理性质应该是一样的,都是忠于其概念。其实关系是普遍的,关系的规范也是普遍的,关系任一方中的个体却不是普遍的,而关系的规范要求个体行为符合于普遍性规范。因此,如果冯友兰对忠的诠释是忠于概念形式,那么他就似乎没有理由批评"臣不能弑君"的"传统见解"。

---

[1] 《三松堂全集》第十一卷,125页。

从这里可以看出，冯先生一方面对传统忠君道德有其同情的理解，另一方面他也对"新文化运动"对传统的批评有同情的了解，这使得他在理论上有时出现某种不一致。

　　至于中国传统底伦理学家所以特别注重君臣、父子、夫妇三伦者，因为依他们的意见，这三伦对于人生特别有关系。《易·序卦》云："有天地然后有万物；有万物然后有男女；有男女然后有夫妇；有夫妇然后有父子；有父子然后有君臣；有君臣然后有上下；有上下然后礼义有所错。"荀子说："礼有三本：天地者，生之本也；先祖者，类之本也；君师者，治之本也。无天地恶生？无先祖恶出？无君师恶治？三者偏亡焉，无安人。"（《礼论篇》）欧阳修说："无父乌生？无君乌以为生？"（《新五代史·唐明宗家人传》从璟论）人若无君，则人即在墨子所谓"古者民始生，未有刑政之时"，"天下之百姓皆以水火毒药相亏害，至有余力不能以相劳，腐朽余财不以相分，隐匿良道，不以相教；天下之乱，如禽兽然"。（《墨子·尚同上》）换言之，臣若无君则即在霍布士（Hobbes）所谓天然状态之内。中国传统底伦理学家之重视君，正与霍布士之重视国家同一理由。无君则我们不能维持我们的生活；无父则我们不能得我们的生命。中国传统底伦理学家素注重报恩之义。孔子说："慎终追远，民德归厚矣。"(《论语》)中国传统底伦理学家重视君父其理由如此。[1]

这里最后一句讲中国传统素重报恩,与《名教之分析》所说不同,在那篇文章中他说中国传统伦理的正统说法不采取报恩的说法。不过,在这里,他主要强调的是,传统伦理重视君臣、父子、夫妇三伦不仅有宇宙论的根据,也有政治学的理由,宗教学的理由以及生物学即生命本身的要求。从这个角度来说,报恩也可以成为一种理由。以下来看这些理由。

先来看生命的理由:

> 至于夫妇一伦,所以亦为重视者,因一方面无夫妇则无父子,如《序卦》所说,一方面则夫妇之关系,为我们继续我们的将来生命所需要。《礼记·郊特牲》云:"天地合而后万物兴焉。夫昏礼,万世之始也。"孔子云:"天地不合,万物不生;大昏,万世之嗣也;君何谓已重焉?"(《礼记·哀公问》)《白虎通·嫁娶》云:"人道所以有嫁娶何?以为情性之大,莫若男女。男女之交,人伦之始,莫若夫妇。《易》曰:'天地氤氲,万物化醇;男女构精,万物化生。'人承天地,施阴阳,故设

---

[1] 《三松堂全集》第十一卷,126页。

嫁娶之礼者，重人伦广继嗣也。"中国传统底伦理学家之重夫妇一伦，其理由是生物学的。此外还有一层，即是中国传统底伦理学家向来以为正式的治国平天下必自齐家作起。《易·家人·彖》云："家人，女正位乎内，男正位乎外，男女正，天地之大义也。家人有严君焉，父母之谓也。父父，子子，兄兄，弟弟，夫夫，妇妇，而家道正，正家而天下定矣。"《诗》云："刑于寡妻，至于兄弟，以御于家邦。"《诗序》云："关雎：后妃之德也，风之始也，所以风天下而正夫妇也；故用之乡人也，用之邦国焉。""正家而天下定。"所以特别注重夫妇一伦。[1]

夫妇关系是生命的前提，是一切人伦的开始，这是生物学的理由。同时他指出，夫妇关系的规范化是齐家、正家的基础，也是治国平天下的基础，这是注重夫妇一伦的另一理由。

其政治学的理由是：

> 至于中国传统底伦理学家所以特别注重君、父、夫之权，而以为臣、子、妻之"纲"者，其尊君之理由，亦与霍布士所以主张国家权力须为绝对之理由同。荀子云："人之生不能无群，群而无分则争；争则乱，乱则穷矣。故无分

---

[1] 《三松堂全集》第十一卷，127页。

者，人之大害也；有分者，天下之本利也；而人君者，所以管分之枢要也。故美之者，是美天下之本也；安之者，是安天下之本也；贵之者，是贵天下之本也。"（《富国篇》）司马光曰："天子之职莫大于礼，礼莫大于分，分莫大于名。何谓礼？纪纲是也。何谓分？君臣是也。何谓名？公侯卿大夫是也。……故天子统三公，三公率诸侯，诸侯制卿大夫，卿大夫制士庶人。贵以临贱，贱以承贵……然后能上下相保而国家治安。……文王序易，以乾、坤为首。孔子系之曰：'天尊地卑，乾坤定矣。卑高以陈，贵贱位矣。'言君臣之位犹天地之不可易也。……呜乎！君臣之礼既坏，则天下以智力相雄长。遂使圣贤之后为诸侯者，社稷无不泯绝，生民之类，糜灭既尽，岂不哀哉？"（《资治通鉴》周威烈王二十三年初命晋大夫魏斯，赵籍，韩虔，为诸侯论。）这种维护名教的态度，正是《春秋》的态度，至朱子就《资治通鉴》作《纲目》，而这种态度更为明白。我们所须注意者，即他们所以维护名教之理由，完全是实用底。"君臣之分"，必须"犹天地之不可易"者，以必如此"然后上下相保而国家治"也。若"君不君，臣不臣"，则"虽有粟吾得而食诸"？[1]

---

[1] 《三松堂全集》第十一卷，127页。

这是说，君为臣纲的必需，尊卑贵贱名分的确立，维护名教的理由，是维持社会政治秩序的必需，否则社会必将陷于争斗、混乱。他两次引用霍布斯的说法，并认为这种说法是基于实用的理由，即维持生活、维持生命的理由。

> 荀子曰："君者，国之隆也；父者，家之隆也；隆一而治，二而乱。自古及今，未有二隆争重而能长久者。"（《致仕篇》）"欲国治，则必为国定一尊，欲家齐，则必为家定一尊。""家人有严君焉，父母之谓也。"父之于家，犹君之于国。所以以父为子纲，固以父为生子者，然亦为避免"二隆争重"之弊也。
>
> 《礼记·郊特牲》云："妇人，从人者也。幼从父兄，嫁从夫，夫死从子。夫也者夫也。夫也者，以智帅人者也。"又云："壹与之齐，终身不改，故夫死不嫁。男子亲迎，男先于女，刚柔之义也。天先乎地，君先乎臣，其义一也。"以及前文所引，乃以夫为妻纲形式的理由，至于其实用的理由为何，中国传统底伦理学家，未闻道及。然家必"隆一而治"，亦至少必为其理由之一。盖父虽为子之纲，然夫若不同时亦为妻之纲，则仍有"二隆争重"之弊。所以有"牝鸡司晨，惟家之索"之言也。[1]

---

[1] 《三松堂全集》第十一卷，127页。

他认为，定于一尊，隆一而治，是中国古代儒家政治思想的基本信念，隆一而治，二而乱，领导者只能是一个，不能是两个，两则必争，争则必乱，这是中国人的治国理政的意识，也是中国人治家的理由。这些理由也是实用的理由。但是提倡夫为妻纲虽然是基于齐家隆一的理由，但较少明确地加以说明，不像在政治领域治国强调定一尊的明确。

> "壹与之齐，终身不改。"此言为主张妇女守节者之所本。此亦不无实用底理由，特行之太趋极端耳。中国传统底伦理学家极注重"有夫妇然后有父子"之言。盖在绝对无限制底时代，人自然只知有母而不知有父；故妇女必至少于几个月之中，守"从一"之义，然后父子之伦，乃始可立。《郊特牲》云："男女有别，然后父子亲；父子亲，然后义生；义生，然后礼作；礼作，然后万物安。""男女有别"何以能使"父子亲"，其故可想。特必须妇女"从一而终"，则太过矣。[1]

冯友兰认为中国社会注重夫妇的伦理虽然有其实用的理由，但是对妇女守节的强调被极端化了。这也是与"新文化运动"的

---

[1] 《三松堂全集》第十一卷，127页。

批评一致的。冯友兰虽然对"新文化运动"对传统伦理的批评论点多表肯定,但冯友兰的看法从未像新青年派的批评那样极端。

> 中国哲学中之社会伦理,以儒家所论为最详而亦最有势力。故本文所讲,皆系儒家之社会伦理,即所谓传统底社会伦理,前所引证,亦多属于秦汉以前之书;因中国后来哲学,如宋明理学家,虽对于个人修养之方法,有大贡献,而对于儒家之传统底社会伦理,则并未有所改变。清儒中颇有反对传统底社会伦理者,如黄梨洲之《原君》《原臣》(《明夷待访录》),欲改变传统君臣之关系。俞正燮之《节妇说》(《癸巳类稿》卷十三)反对专命妇女守节,谓:"男子理义无涯深,而深文以罔妇人,是无耻之论也。"然此等学说,于实际的社会上尚无大影响,故此文不论。[1]

以上便是冯友兰对中国传统社会伦理的说明。他认为,宋明理学在儒家哲学理论上有很多发明,但对传统社会伦理并未有所改变,直到清儒中才有反对传统社会伦理的人,他特别提出黄梨洲之《原君》、俞正燮之《节妇说》,这应该也得益于"新文化运动"的讨论。

---

[1] 《三松堂全集》第十一卷,128页。

不过，此文真正重要的是，用普遍与个别的分梳，分析中国道德的本质。这是前人所没有做出过的分析。他首先指出：

> 以上大都是叙述中国之社会伦理。至其价值如何，本文篇幅有限，不能多论。惟有一点须注意者。即近来一般人之意，多谓中国道德家只教人忠事个人，此言实谬。请略论之。[1]

所谓只忠事个人，就是指只对个人尽忠。冯友兰指出，认为中国的道德只是忠事个人，这种看法是不对的。他说：

> 中国之忠臣孝子及节妇所忠事者，实是一名，一概念。向来每朝亡国，皆有殉君之臣，不管事实上的亡国之君，是否有使人殉之价值。其所以，即是那些忠臣所殉者是"君"之概念，君之名，并不是事实上底崇祯或其他亡国之君。韩愈说："臣罪当诛兮，天之圣明。"宋儒说："天下无不是的父母。"按照父的要素，父的名，父当然是慈的。按照君的要素，君的名，君当然是明的。但普通底、抽象底君父，非附在特殊底、具体底个体上，不能存在于这个具体底、实际的、实践的世界上。而这些实际

---

[1] 《三松堂全集》第十一卷，128页。

底、具体底、个人之为君父者,往往不能皆如君父之名、之要素、之所应该。然无论事实上具体底为君父者果是如何,臣子总要尽忠孝,因为他们是代表君父之名、之概念者。妻之必须为夫守节或殉节,不管事实上具体底为夫者果是如何;其理由也是如此。依传统底伦理学家,夫即待妻无恩,或曾虐待妻,妻也要尽"妇道"守节。她是为她的"夫"守节,并不是为事实上具体底某人守节。她是屈服于名、概念,并不是屈服于事实上具体底某人。

  中国也曾有人以为名及代表名之个体须分开者。孟子说:"闻诛一夫纣矣,未闻弑君也。"他把纣与"君"分开。晏平仲说:"君民者,岂以凌民?社稷是主;君臣者,岂为其口实?社稷是养。故君为社稷死,则死之;为社稷亡,则亡之。若为己死而为己亡,非其私昵,谁敢任之?"(《左传·襄公二十五年》)君为社稷死,则是以君之资格死,臣可从死。若为己死,则是以个人资格死,臣不可从死。此分别本极有理,但未为传统底伦理学家所采用耳。〔1〕

这里讨论的"忠君"道德的分析,比较本文第一节可知,以上这两段,全来自他在三个月以前发表的《名教之分析》。可见

---

〔1〕 《三松堂全集》第十一卷,128页。

这两篇文章是关联一体的。但就实际来说，中国传统伦理，并不是认为君明父慈才要忠孝，忠孝并不以君明父慈为必要前提；也不是因为抽象的君父是明慈的，故尽忠孝于抽象的明君慈父；而是因为忠孝是做臣子的绝对责任、义务和德性。尤其是从德性的观点来看，忠孝作为德性，是内心的事，与外在对象的状态无关。社会规范对君父自有要求，但臣子并不以君父符合社会道德为自己的道德行为的必要前提。孟子在先秦提出的那种交互性君臣伦理的提法并不适用于后来两千年的历史实际。但冯友兰从新实在论出发，认为因为抽象的君父是明慈的，所以必尽忠孝，这个解释并不完善。在存在论上，冯友兰认为抽象的君父必附在特殊的君父个体上，否则便无法存在实际的世界；而实际的世界中的具体的君父总是不完美的，不能充分达到其应该之要求的；但因实际的君父代表抽象完美之君父，故臣子要对其尽忠尽孝。这都是用新实在论的抽象—具体观念来加以解释的。

最后，冯友兰得出了最重要的结论：

> 要之，中国历来多数之忠臣，孝子，节妇，之忠于名、概念之精神，极高贵纯洁，其所处盖已不在具体底世界而在柏拉图所谓概念之世界。此则吾人所宜注意者也。[1]

---

[1] 《三松堂全集》第十一卷，128页。

就是说，中国古代忠臣孝子，并不是尽其忠孝于个人，而是尽其忠孝于君父的理念，其所注重者不在具体世界而在概念世界，这正是柏拉图式的主张。此结论与《名教之分析》也是一致的。其实，与其说忠臣是忠于客观的概念世界，不如说忠臣是忠于自己的观念、信念更为恰当。事实上，忠的行为的确不能简单说是尽忠于某君主个人，还可以是尽忠于君主代表的国家，或尽忠于君主代表的制度。

此文注明写成于"十六年三月十三日于北京"，即1927年3月。据《全集》，此文刊载在《社会学界》第一卷，1927年6月。[1]王国维即死于此时，1927年6月2日。

三

1927年10月陈寅恪做《王观堂先生挽词》，挽词开始说，"一死从容殉大伦，千秋怅望悲遗志"，大伦当然是君臣大伦；最后两句说，"他年清史求忠迹，一吊前朝万寿山"，把王国维的自尽投湖作为"忠"于清廷的事迹，故这几句显然是以殉清解释王国维自尽昆明湖。其实当时宣统并未身死，以殉显忠，似不能完全解释其行为。而《挽词》的全文，主要还是

---

[1] 《三松堂全集》第十一卷，129页。

主张殉中国文化说。

但《挽词》的全文及其意指,不是这里要讨论的,我们关注的是陈寅恪《挽词》之序,其全文如下:

> 或问观堂先生所以死之故。应之曰:近人有东西文化之说,其区域分划之当否固不必论,即所谓异同优劣亦姑不具言;然而可以得一假定之义焉。其义曰:凡一种文化值衰落之时,为此文化所化之人,必感苦痛。其表现此文化之程量愈宏,则其所受之苦痛亦愈甚。迨既达极深之度,殆非出于自杀无以求一己之心安而义尽也。吾中国文化之定义,具于《白虎通》三纲六纪之说,其意义为抽象理想最高之境,犹希腊柏拉图所谓Eîdos者。[1] 若以君臣之纲言之,君为李煜,亦期之以刘秀;以朋友之纪言之,友为郦寄,亦待之鲍叔。其所殉之道,所成之仁,均为抽象理想之通性,而非具体之一人一事。夫纲纪本理想抽象之物,然不能不有所依托,以为具体表现之用。其所依托表现者,实为有形之社会制度,而经济制度尤其最要者。故所依托者不变易,则依托者亦得因以保存。吾国古来亦

---

[1] 有本作Idea,原为Eîdos,可参见吴宓《空轩诗话》十二。又据三联版《陈寅恪集·诗集》13页所载《王观堂先生挽词并序》之页下编者注:"序中Eîdos一词,上海古籍出版社一九八〇年版《寒柳堂集》陈寅恪先生诗存中刊为Idea,因作者考虑:'希腊字难写易误,故改用英文。但字虽同而意则大异也。'"

尝有悖三纲，违六纪，无父无君之说，如释迦牟尼外来之教者矣。然佛教流传播衍盛昌于中土，而中土历世遗留纲纪之说，曾不因之以动摇者，其说所依托之社会经济制度，未尝根本变迁，故犹能借之以为寄命之地也。近数十年来，自道光之季迄乎今日，社会经济之制度以外族之侵迫，致剧疾之变迁；纲纪之说，无所凭依，不待外来学说之掊击，而已销沉沦丧于不知觉之间。虽有人焉，强聒而力持，亦终归于不可救疗之局。盖今日之赤县神州，值数千年未有之巨劫奇变；劫竟变穷，则经文化精神所凝聚之人，安得不与之共命而同尽，此观堂先生所以不得不死，遂为天下后世所极哀而深惜者也。至于流俗恩怨荣辱委琐龌龊之说，皆不足置辨，故亦不之及云。

陈寅恪此文写于冯友兰上文《中国之社会伦理》发表四个月之后，更在冯友兰《名教之分析》十个月之后。可以看出，"凡一种文化值衰落之时，为此文化所化之人，必感苦痛。其表现此文化之程量愈宏，则其所受之苦痛亦愈甚"，这是陈寅恪与黄节等的共识，[1] 也是其序文的主旨，体现了他与王国维在文化上的共同感受。而陈寅恪对中国文化意义的理解，其三纲六

---

[1] 黄节对王国维之死的认知，"必为不忍见中国从古传来之文化礼教道德精神，今日将全行澌灭，故而自戕其身"。可参看吴学昭：《吴宓与陈寅恪》（增订本），生活·读书·新知三联书店，2014年，78页。

纪、抽象理想、具体依托之说，应来自冯友兰的思想启发。这是由于，陈寅恪既然不否认王国维之死包含了殉大伦的意义，他就需要对此作一分梳，冯友兰对忠的"同情的了解"正适合了他此时的需要。

这要说到冯友兰与清华国学研究院教授的交往。据《冯友兰先生年谱长编》，冯友兰1926年1月来居北京，此时开始与吴宓颇有来往。在燕京大学时曾组织中国文化讲演，"其中有梁启超、王国维"等，[1]当年5月冯友兰发表了研究柏拉图的文章（此文见《人生哲学》第三章），6月4日吴宓"邀冯友兰、黄建中、陈宝锷等君，至东安市场森隆饭馆"。[2]6月29日在中山公园水榭晤吴宓，7月陈寅恪归国入住清华园，7月13日自吴宓处取王国维讲稿。[3]12月吴宓曾请冯友兰与陈寅恪用膳，吴宓日记：十二月二十一日，"晨九时，冯友兰来。谈次偕往访王静安先生等于研究院。又访梁任公于其宅（北院一号），谈翻译西书事。十二时，陈寅恪来。宓方在室中与冯、陈二君用膳……"[4]1927年春，冯友兰迁居海淀成府槐树街，曾访王国维，且常与吴宓等散步清华园。如"9月19日，下午三时访吴宓，又同吴宓访陈寅恪，三人同出去散步"。当晚七时，

---

[1] 蔡仲德：《冯友兰先生年谱长编》，中华书局，2014年，84页。
[2] 同上书，85页。
[3] 同上书，86页。
[4] 吴学昭：《吴宓与陈寅恪》（增订本），68页。

"吴宓在工字厅邀宴,同席者有梁启超、陈寅恪、梁思永、李济、赵元任……"[1]可见同席皆是清华国学研究院人。又如,1928年1月9日"上午至清华园南院访陈寅恪,在陈宅遇赵迺传、吴宓,又与吴宓至吴寓所谈话,"十一时,陈寅恪、陈封怀亦来,吴宓邀请先生等三人至小桥食社午餐"。小桥食社即赵元任夫人开设的南味饭馆。2月9日"六至十时,在成府槐树街十号家中宴请陈寅恪、吴宓及其他燕京、清华教授"。吴宓日记是日云,"客皆两校之讲国学之新人物。"4月9日"下午二时许,陈寅恪、吴宓来访,遂与陈、吴出游。"6月26日"傍晚,与陈寅恪、吴宓散步"。以上所说,只是冯友兰1928年秋加入清华前,与吴宓、陈寅恪的往来而见于吴宓日记者,不见于吴宓日记者应尚多。[2]因此,根据冯友兰这一时期与吴宓、陈寅恪的密切往来,可以推知,冯友兰必然把其发表的文章送给吴宓、陈寅恪,将自己的研究心得介绍给二人。而且,由于冯友兰1926年底的文中已经提到梁巨川的例子,故1927年6月王国维投湖自尽之后,冯友兰必然会将他对此类事件的分析讲述给吴宓、陈寅恪。此外,1926年冯友兰已经确立了新实在论的哲学立场,用此立场观察中国文化,必然以柏拉图的理念说去解释伦理概念和理想。如本文一开始所说,这是他在这一时期用留学美国所学得的哲学来分析中国文化与哲学所得成果的一

---

[1] 《冯友兰先生年谱长编》,92页。
[2] 以上所叙冯友兰与吴陈交往,皆见于蔡仲德:《冯友兰先生年谱长编》。

部分。吴宓、陈寅恪在美国、欧洲时虽然可能已经对希腊哲学有所知,但陈寅恪不喜欢哲学,从不谈及哲学,这是大家都知道的,[1]所以,《挽词》序用柏拉图理念说解释中国士人的信念,必是受了冯友兰的影响。[2]

当然,在理念依托的具体表现之问题上,陈寅恪此序与冯友兰有所区别,冯友兰说抽象理念依托的是诸个体的君父,讲的是共相与个体的关系。而陈寅恪又加多了一种看法,即理念所依托的是当时的制度,比较接近于意识形态与制度基础的关系。从这个立场来看,"忠"不是忠于君主个人而是忠于君主代表的制度体系。他认为社会经济制度变迁了,旧的纲纪之说便无所依凭,这一点似亦受到马克思思想的影响。但这样一来,对于陈寅恪来说,坚持文化的抽象理想,如吴宓当时所说"吾辈素主维持中国礼教",只对个人持守其信念有意义,对社会文化已经没有意义了。这不能不说反映了那一代知识人对中国文化的现代价值的悲情与悲观了。所以,终其一生而观之,无论冯友兰的抽象理念说还是马克思的社会经济制度基础说,对陈寅恪而言,应只是一时所取的解释,没有成为他的主要思想,而"中学为体,西学为用"则是其始终不变的思想主张。[3]

---

[1] 见俞大维:《怀念陈寅恪先生》。
[2] 陈寅恪应略知希腊哲学,故陈寅恪提到柏拉图的理念时会直接用其希腊词 Eîdos,但此种柏拉图式的伦理分析应来自冯友兰的影响。
[3] 见吴宓1961年与陈寅恪谈话后日记,参看吴学昭:《吴宓与陈寅恪》(增订本),427页。

综合看来，冯友兰在这篇文章中提供的主要是他对中国古代"忠君""孝父"道德的解说和分析，其分析集中在"忠君"是不是忠于个人，如果不是忠于个人，是忠于何种对象？冯友兰认为，忠君道德是忠于"君"的概念。我们则认为，虽然中国古代忠臣孝子，并不是尽其忠孝于个人，但仅用忠孝于概念世界来解释，亦未完善。冯友兰的这种分析，为他后来在1950年代提出的抽象继承法，准备了方法论的基础，可以视为近代以来寻求肯定传统道德的一种努力。然而，冯友兰的这种"同情的了解"的分析虽然可以反驳古代道德只是忠于个人的新文化式的批评，但在理论上和实践上，并未能完全解决忠孝概念的现代继承问题、忠孝概念的现代价值问题，在古代道德转化的方面，对如何把君臣关系的忠转化为对国家人民的忠的方面，亦未能涉及。

冯友兰对中国古代忠孝的道德所作的解释，涉及传统道德观念、规范、德性的理解，涉及中国传统道德的现代传承与转化。冯友兰的抽象理解法，是近代以来有关传统道德继承诸多主张中较有影响的一种，本文以此为个案，希望对这一问题的分析有助于扩大现代伦理问题探求的视野，促进在传统道德传承、转化方面的更多的有益思考。

初稿于 2015.9.30

冯友兰新理学时期的道德思想

冯友兰的新理学体系是以其在抗战时期所著"贞元六书"为代表的,但是在1932年的《新对话》中,他已经提出了后来在"贞元六书"中表达的基本论点和思想。因此,我们论述和研究冯友兰新理学时期的道德思想,也应该先从《新对话》开始。

一 论忠孝的所为

关于忠孝大节,冯友兰在20年代后期就提出了一种伦理观念说,主张中国传统道德的忠孝不是忠孝于个人,而是忠孝于君的观念、父的观念,忠孝于理念的世界。在《新对话》中冯友兰继续了这种主张,并使得这种道德伦理思想和其新实在论哲学关联一体,共同形成了新理学的基础和雏形。

《新对话》假借朱子和戴震对话的形式,其中的"戴"是假借戴震之名所说的话,其中"朱"所说的话都是假借朱熹之名而实际表达了冯友兰的哲学观点。因为冯友兰自认为其观点是用新实在论发挥朱子的哲学,故称此对话为"新对话",后称其哲学为"新理学"。

他在20年代提出的伦理观念说在《新对话》仍有表现：

戴：晦翁，自从我们上次谈话以后，国难日益严重。东北失陷，转眼已一周年了。

朱：正是。今天有一个地方开纪念会，我在会中听见一位先生的报告。他说了许多东北无名英雄所做的可泣可歌的事情。这些事情的悲壮义烈，让历史家记载，让文学家咏叹，以为我们民族的永久光荣。我们是研究哲学的人。我们今天可否从哲学的观点，讨论这些事情对于人生的意义？

戴：我想这是我们应该做的事情。我更提议在我们讨论之先，我们起立静默，对那无数的无名英雄，表示敬意（二人起立静默，复坐下）。

朱：东原先生，你以为这些无名英雄，是为什么牺牲的？

戴：我以为他们是为中国牺牲的，是为中华民族牺牲的。

朱：我想你这话应该受修正。

戴：怎样修正？

朱：我们应该说他们是为国牺牲的，是为民族牺牲的。

戴：这与我方才所说的，有什么区别？

朱：中国是个体，国是共相。中华民族是个体，民族是共相。他们为国为民族牺牲，是他们的行为的要素，至于为中国牺牲，为中华民族牺牲，只不过是他们的行为的偶然的性质。

戴：为什么要作这些区别？

朱：在我们第一次对话里，我们已经讨论过道德的意义。一个人类组织，若要能存在，其分子必须忠于组织，即牺牲生命，亦所不惜。这是一个永存的道德律。往古来今，一切为国，为民族牺牲的人，都自觉并且自命，他们的行为，是这个永存的道德律的具体例证。所以说他们的行为的要素，是为国牺牲，为民族牺牲。至于为哪一个具体的国，哪一个具体的民族牺牲，那不过是他们的行为的偶然性质。文山老先生的《正气歌》，可引来说明此点。

戴：（朗吟）"天地有正气，杂然赋流形。……为严将军头，为嵇侍中血，为张睢阳齿，为颜常山舌。……是随所旁薄，凛烈万古存。当其贯日月，生死安足论。"这些话与你所说，有何关系？

朱：这些话的意思，也是说那些悲壮义烈的行为，是超乎个体的"正气"所赋的"流形"。那就是说，是他的具体的例证。不过严格地说，"正气"应该是"正理"。上边所说道德律，在我的哲学里面，恰好可以"正理"名之。那些忠臣义士,在他们的那悲壮义烈的行为中,他们自觉,并且自命,他们的个体的行为,成了一个永存的理的具体的例证。他们自觉,并且自命,他们随此永存的理而永存,超乎具体世界而入于共相世界。他们超乎死而得到不死。所以说"是随所旁薄,凛烈万古存。当其贯日月,生死安足论"。

....

戴:不过文老先生所举的事情,都是从前忠臣对于君主个人的忠,与我们所讨论之忠于国家忠于民族者,应该有区别。

朱:从前的忠臣,是忠于"君",不是忠于君主个人。

戴:这话是什么意思?

朱:君主个人是个体,"君"是共相。从前以君为一国或一民族的代表,以父为一家的代表。所谓忠孝大节,就是表明一个人对于他的国及家所应负的责任。从前忠臣不是忠于君主个人,所以那君主个人之为尧舜,或为幽厉,那忠臣是不问的。犹之乎为民族牺牲者,不必问他的民族是不是值得为之牺牲。他只顾他自己能否成为那永存的理的具体的例证。古之忠臣,今之义士,其精神是一致的。[1]

---

[1] 《新对话(二)》,《三松堂学术文集》,北京大学出版社,1984年,246—248页。

人的道德行为在主观动机上是"为了什么",比如为什么尽忠,为什么尽孝,为什么牺牲自己,这在1926年冯友兰的伦理观念讨论中已经明确作为主要问题意识提出来了。当时他认为中国古代忠臣孝子,并不是尽其忠孝于个人,而是尽其忠孝于"君""父"的理念,其所注重者不在具体世界而在概念世界,这正是柏拉图式的主张。[1]在《新对话》这里依然集中在这个问题上,冯友兰认为,用道德动机的"为什么"来说,忠臣孝子就是为了理念世界,是忠于理念世界,是为了永恒的道德律作例证,以求超乎具体世界而入于共相世界。在这一点上,黑格尔哲学中有类似的方法:"这里所说的国家不是指某一特殊的国家、特殊的制度而说的,而是指国家本身、国家的理念。特殊的国家和制度可以是坏的,但国家的理念却是神圣的。"[2]冯友兰应不仅受到柏拉图影响,也深受黑格尔所影响。后来贺麟也主张这样的看法,可能部分地受到冯友兰的影响。[3]

但是真理多走一步,也有可能走向错误。冯友兰认为,在哲学上分析,抗日将士的英勇牺牲的行为,是为国家、为民族,但是并不是为中国、为中华民族,这个说法显然就是有问

---

[1] 参看陈来:《冯友兰的"伦理概念"说——兼论冯友兰对陈寅恪的影响》,《清华大学学报》2016年2期,现收入本书。
[2] 参看张世英:《论黑格尔哲学三书》,北京大学出版社,2016年,201页。
[3] 贺麟在抗战中也仍持此种看法,他说:"三纲说认君为臣纲,是说君这个共相、君之理是为臣这个职位的纲纪,……完全是对名分、对理念尽忠,不是作暴君个人的奴隶。"见其著《文化与人生》,商务印书馆,1988年,60页。

题了。冯友兰强调普遍、共相,认为国家、民族才是真实的共相,而认为中国、中华民族是殊相。这是不能不加辨析的。其实,相对于每个历史时期中国的具体状况而言,"中国"、"中华民族"都是共相。因为不同历史时期中国的疆域不同,中华民族的民族构成不同,朝代不同、君主不同、政府不同,但对这些烈士而言,这些差别都不重要,它们都是中国,都是中华民族。同时中国、中华民族相对于"国家"观念和"民族"概念,又是具体的共相,烈士所为之牺牲的,不是抽象的国家,而是具体的中国,不是抽象的民族,而是具体的中华民族,这不能替换为任何其他的国家和民族,这是必然的,不是偶然的。所以,烈士的牺牲当然是为国家、为民族,但东北抗日烈士们为的国家就是中国,为的民族就是中华民族。冯友兰的这种解释用柏拉图式的抽象性模糊了国家、民族的具体性,这种解释完全不能解释真正的爱国主义,因为爱国主义无一例外的都是具体的。这是他的实在论哲学忽略具体共相的最明显的例子。

朱:……一个行为,本来是具体的世界中许多个体之一,而同时是他的理的许多的具体例证之一。对于以之为具体的世界中许多个体之一者,其意义即是具体的世界中许多个体之一。对于以之为永存的理之许多的例证之一者,其意义即是永存的理之许多例证之一。这种前一类的人,如果他一生只是这一种的人,他终身只生死于具体的世界之中,可以说与禽兽无异。

戴:你不要骂人。

朱:我并非骂人,实则人兽之别,就在人能依知识而知超乎具体世界的共相世界,依道德而入超乎具体世界的共相世界。

戴:你所说的,我想也有道理。我们今天的讨论,已有相对的结果,似乎可以结束。

朱:让我们再起立静默,对于我们的无名英雄再度表示敬意(二人起立静默)。[1]

冯友兰的本意是宣传表彰爱国将士的精神,但他的哲学作为一种柏拉图主义,过分强调最高的共相,于是就会抽离爱国主义的具体内容,使得爱国主义本身无法得到真正的理论确证。

二 论道德无所谓新旧

与20年代伦理思想不同而有所发展的,是冯友兰在《新对话》中提出的一个主要观点"我以为道德无所谓新旧"。这是他在此前没有提出的。他的论证如下:

---

[1] 《新对话(二)》,《三松堂学术文集》,250页。

> ……"天下之物,莫不有理。"人类组织也是一个东西,也有它的理。人必须依照这个理作组织,这组织才能成立。犹之乎造飞机者必依照飞机之理,具体的飞机,方能造成。[1]

> ……就是人若欲有一健全的组织,其中分子,所必须遵守的条件。这些条件,至少有一部分,就叫作道德。比如说,人若欲有一健全组织,其中分子,必须互相友爱,这就是所谓仁;必须各努力做其所担任之事,这就是所谓忠;必须各守其约言,这就是所谓信。一组织中之分子,必须实行这些基本条件,那个组织才能健全存在,不管他是个什么组织。[2]

他从朱熹的"天下之物,莫不有理"加以推广,认为一事一物莫不有它的理,这个"理"是事物之所以为此事物而能够存在的根据,也是事物之所以为此事物而能够存在的基本条件。因而人类社会组织与一切事物一样,也必有它的理。那么人类社会组织的理有什么具体内容呢?他指出如互相友爱的仁、努力担任其事的忠、各守其约的信,这些也就是人类社会组织得以健全存在的基本条件。换言之,这些道德是人类社会组织存在

---

[1] 《新对话(一)》,《三松堂学术文集》,243页。
[2] 同上书,244页。

的基本条件。

在前面所引的新对话里面,冯友兰提出,实行仁、忠、信的道德,是一切人类组织得以健全存在的基本条件。用后来的说法,这也就是说,仁、忠、信是一切人类组织所必需的,是不可变的道德,也就是说是永恒的道德。这个说法和20年代提出的伦理观念说,有所不同,不是从共相的理念世界,而是从社会的必需条件来讲,虽然两者都是努力扩张传统道德的普遍性、超越性。基于人类组织的基本条件说是强调道德对时代的超越性、普遍性;而伦理观念说是强调道德的抽象性以显示对个体的超越性。

> 戴:这与道德无新旧之说,有何关系?
>
> 朱:在有飞机之前,飞机之理不新。在有飞机之后,飞机之理不旧。它是永久如此。人类组织之理,亦是如此。人类组织之理无新旧,道德亦无新旧。董仲舒老先生说:"天不变,道亦不变。"这话是不错的。我与我的朋友陈同甫先生的信上说:"若论道之常存,却又初非人所能预。只是此个,自是亘古亘今,常在不灭之物。""盖道未尝息,而人自息之。所谓非道亡也,幽厉不由也。"也正是这个意思。[1]

---

[1] 《新对话(一)》,《三松堂学术文集》,244页。

上面说人类社会组织必有其理，必有其基本条件，必有其基本道德，冯友兰认为人类组织之为人类组织，其根本点是由人组成的组织，就这一点来说，古往今来的社会组织，都是人类组织，是无所谓新旧的。人类组织无所谓新旧，则人类组织的理、基本条件也就无所谓新旧，人类组织的道德也无所谓新旧了。无新旧，也就是无改变。

  戴：什么是可变的？

  朱：……成见与习惯，是可变的，有新有旧的。人们普通所谓道，有些实只是成见与习惯。他不是人类组织之成立所必需的，所以可变。譬如妇女对于其夫守节，不是人类组织之存在所必需，所以可变。[1]

在冯友兰看来人类组织是由人群组成的，只要这一点不变，人类组织的基本条件就不可变，人类组织之理就不会变，所以，由"道德无新旧"冯友兰推出第二个基本观点，是"道德有可变的和不可变的"两种，其中主要强调基本道德是不可变的，可变的是成见和习惯。只是，这后一点在《新对话》中没有多作发挥，而在以后的新理学成形时期被冯友兰反复强调。

---

[1]　《新对话（一）》，《三松堂学术文集》，244页。

在处在新对话和新理学之间的1935年,他论及道德的变和不变说:

> 在历史之演变中,变之中有不变者存。这一点在三统说中最为明显。董仲舒虽主张三统"如顺连环,周而复始,穷则反本",但又说"天不变,道亦不变"。这话也不是没有道理的。人类的社会虽可有各种一套一套的制度。而人类社会之所以能成立的一些基本条件,是不变的。有些基本条件,是凡在一个社会中的人所必须遵守的,这就是基本道德。这些道德,无所谓新旧,无所谓古今,是不随时变的。究竟我们所常行的道德中,哪些是跟着某一种社会而有,所以是可变的;哪些不是跟着某一种社会而有,而只是跟着社会而有,所以是不变的,是很难确定。不过有些道德是只跟着社会而有,不是跟着某一种社会而有,所以是不变的;这一点似乎可确定的说。照我们现在想起来,例如"信"之道德,似乎即是一种基本道德。因为社会之组织,靠人之互助,而人之互助,靠一个人能凭别人之话而依赖他。例如我在这里写字,而不忧虑我的午饭是否有。因为我的厨子说与我做饭,所以我可以依赖他。我的厨子也因为我说与他工资,所以他可以依赖我。如果一个社会中个个人皆说话不当话,那个社会就不能存在。人没了社会就不能生存。越是进步的社会,其中

的人越是须说话当话。人的生活越是进步,人越离不开社会。孔子说:"自古皆有死,民无信不立。"初看这句话的人说,孔子多么残酷,多么不讲人道,叫人不吃饭也要有信,这真是吃人的话。实则人吃饭固是要紧,但是吃饭的条件如果不具备,人是没饭可吃的,或是有饭不得吃的。[1]

冯友兰认为,任何社会都必须遵守的基本条件即是基本道德。照《新对话》来说,只要是人类组织的社会,它们组织社会的基本道德都是一致的,如果从历史展开来说,它们是不变的。这就容易导致结论,古代以来的各种类型社会的道德都是一样的,没有变化的。但这显然与人们的历史经验相违背。因此,必须辨析,在人类历史上发生的各个社会里,哪些道德是不变的,哪些道德是改变了的,原因何在。根据冯友兰的看法,他认为人类社会的道德有两个层次:一个是最基本的层次,是一切人类社会都要遵守的道德,它在不同社会的交替变迁中保持不变。在其上则属于第二个层次,是每一个特殊类型的社会所特有的道德,这些专属于特定社会的特定道德,就会随着这个社会在历史中的被取代,而不再有意义,而被改变。这也就是说,并不是所有的道德都无所谓新旧,而是说,社会的基本道

---

[1] 《秦汉历史哲学》,《三松堂学术文集》,350页。

德无所谓新旧,是不可变的,但有一部分道德是有新旧的,是可变的。因此冯友兰不再一般地说道德无所谓新旧,而更强调道德有可变和不可变两种。冯友兰所关心的不是可变的那部分,而是不可变的那部分。冯友兰所处的社会是告别封建社会而刚刚进入近代社会的时代,他要解决的问题是,近代社会需要的道德是什么,哪些传统的道德是近代社会仍然需要的。所谓基本道德,就是社会之所以为社会所要求的基本条件。当然,人类自原始社会以来,已经历数种社会制度,原始社会、奴隶社会、氏族社会是否有相通的基本道德要求,恐怕并不简单,冯友兰的这个信念,只是表达了他认为封建社会、资本主义社会甚至社会主义,它们的基本道德是基本一致的、不可变的,因此古代中国文化的基本道德是30年代的中国社会所仍然需要的。这也意味着,古代基本道德在中国的未来社会也是需要的。冯友兰所说的基本道德具有普遍性这个观点,在理论上应该是可以接受的。问题的重点是,具体说来,除了这里提到的"信"以外,还有哪些道德是社会基本道德?

三 论可变的道德与不可变的道德

现在我们来看《新理学》体系中对道德问题的论述。《新理学》:

> 一切道德底行动之所同然者是：一社会内之分子，依照其所属于之社会所依照之理所规定之基本底规律以行动，以维持其社会之存在。此可以说是道德之理之内容；依照道德之理之行动，是道德底事。[1]

冯友兰对道德行为作了最基本的定义，即一个人依照社会基本规律，维持社会存在的行为是道德行为。这里所谓"依照其所属于之社会所依照之理所规定之基本底规律以行动"是加进了其新理学形上学的预设，即每一个社会都是"依照"了一普遍的社会之理而成为一社会，在这个普遍的社会之理的规定下形成了这一社会的基本行为规律。冯友兰晚年指出，仅就道德伦理而言，其实这个形上学预设可以不论。所以他也有不从形上学去规定，而直接论述道德行为定义的地方：

> 用另一套话说，一社会有许多构成此社会之分子，一分子有许多行动。其行动之可以直接或间接维持其社会之存在者，是道德底行动。其行动之可以直接或间接阻碍其社会之存在者，是不道德底行动。其行动之亦不维持亦不阻碍其社会之存在者，是非道德底行动。[2]

这些话，亦可以反过来说。我们亦可以说，所谓道德

---

[1] 《新理学》，《冯友兰文集》第四卷，长春出版社，2008年，78页。
[2] 同上。

底行动者,即人的行动之可以直接或间接维持其社会的存在者;所谓不道德底行动者,即人的行动之可以直接或间接阻碍其社会的存在者;所谓非道德底行动者,即人的行动之亦不维持亦不阻碍其社会的存在者。[1]

就是说,一个行为直接或间接维护社会存在,便是道德行为。值得注意的是,这里并没有把动机的问题放进定义。此处所说,还着重强调了道德行为、不道德行为和非道德行为三者的区别。特别是非道德行为的提出,是一般人所不理解的,冯友兰正是在这种区别的基础上,在其《新世训》书中围绕"非道德行为"提出了一套行为规范体系,以谋求解决现代社会对伦理道德的需求。[2]

冯友兰用一般和个别的方法区分了"社会"和"某某社会",前者是从一切社会抽象出的一般社会,后者则是某一特定类型的社会:

> 我们说有一种社会,有另一种社会。我们承认社会有许多种,此一点于上文已说,此一点亦是我们与朱子一大不同之处。我们以为有社会,有某某种社会,犹之

---

[1] 《新事论》,《冯友兰文集》第四卷,244页。
[2] 参看陈来:《圣人之后的人生追寻——冯友兰的新世训》,《哲学研究》,2013年8期。

> 有马,有某某种马,如白马黄马等。有社会之理及其所规定之基本规律,有某某种社会之理及其所规定之基本规律。社会之理及其所规定之基本规律,是凡社会中之分子所皆必须依照者,无论其社会是何种社会。某种社会之理及其所规定之基本规律,则只某种社会中之分子依照之。所以在某种社会内之分子之行为之合乎其社会之理所规定之基本规律者,自此种社会看,是道德底。但此种行为,不必合乎另一种社会之理所规定之基本规律,或且与之相反。[1]

各种不同的社会都是具体的、个别的社会,冯友兰称为"某某种社会"。一般的社会,冯友兰称为"社会"。"社会之理"及其所规定的基本规律,就是一般社会需要的道德条件。而"某某种社会之理"及其所规定的基本规律就是一个具体的社会所需要的道德条件。前者是一切社会都需要依照的,而后者则只是那一个具体的社会所需要的。按照冯友兰的哲学,一个具体的社会,既要依照"社会之理"及其所规定的基本规律,也要依照"某某种社会之理"及其所规定的基本规律;既要遵循一般社会的道德,也要遵循这个具体的某种社会的道德。当社会变化时,从一种社会转变为另一种社会,此时它要遵循的

---

[1] 《新理学》,《冯友兰文集》第四卷,81页。

一般社会的道德是不变的,而它原来依照的某种社会道德就要改变为依照另一种社会的道德。可惜,冯友兰这里没有用具体的道德概念来指明,到底哪些概念要变,哪些概念不必变,变又是如何变法?

冯友兰在《新理学》中指出,"五常"是一般社会需要的不随历史改变的道德:

> 中国旧日讲五伦、五常。五伦是一种社会制度;我们现在不讲社会制度,更不讲某种社会制度,所以对于所谓五伦,应置不论。五常是我们此所谓诸德。此诸德不是随着某种社会之理所规定之规律而有,而是随着社会之理所规定之规律而有。无论何种社会之内必须有此诸德。所以可谓之常。[1]

冯友兰没有清楚说明"规律"如何成为"道德",他只是说社会之理规定的基本规律即是"道德之理",但他在这里明确肯定,仁、义、礼、智、信五者,是常而不变的"德",是不随某种社会之理所规定的规律而有的,而是一般社会都有的。这比《秦汉历史哲学》只提出"信",更进了一步。但与《新对话》相比,常而不变的德,在《新理学》这里没有提及

---

[1] 《新理学》,《冯友兰文集》第四卷,85页。

"忠",而在《新对话》里他是把仁、忠、信都看作不变的常德,表明他对忠德的处理还有犹豫之处。

冯友兰又谈到道德的死与活,活就是有生命力、有现实意义。他说:

> 在生产家庭化底社会里,人之依靠社会,是间接底。其所直接依靠以生存者是其家。但在生产社会化底社会里,社会化底生产方法打破了家的范围。人之所直接依靠以生存者,并不是家而是社会。……在生产社会化底社会中,人与其社会,在经济上成为一体。在生产社会化底社会中,如其社会是以国为范围,则其中之人即与国成为一体。必须到如此地步,所谓爱国才不只是一个悬空底理想,而是一个有血有肉底,活底道德。所谓活底道德者,即是他真能鼓舞群伦,使人生死以之,而不只是一种格言、一种理论,在公民教科书上所讲者。一种活底道德是能使人感觉其是必要者。若只能使人"知"其是必要,而不能使人"感觉"其是必要者,则其道德即是死底,不是活底。[1]

这是说,有些道德有其特定社会背景作为决定因素,一定的社

---

[1] 《新事论》,《冯友兰文集》第四卷,180页。

会生产关系状态对这些道德有决定的作用。这应当指可变的道德。这说明，冯友兰的道德思想中，一方面是他的新实在论哲学形上学，要求普遍的、超越具体社会时代的解释，以确认不变的道德；另一方面是他的社会历史的唯物史观倾向，倾向从特定社会经济社会生活为基础的解释，以说明可变的道德。前一方面联系着社会基本条件，而后一方面联系着某某社会的基本条件。生产家庭化应属某某社会的条件。但是，生产社会化的解释并不能说明爱国道德，因为如果照他这里的说法，只有在生产社会化的国家里才能真正有爱国的道德，这样一来，前现代的社会就都无法有爱国的道德了。这显然与历史是相违的。

> 所谓忠君与爱国的分别，即在于此。我们于上篇《说家国》中，说在以社会为本位底社会中，如其社会是以国为范围，则此国中之人，与其国融为一体。所以在以家为本位底社会中，忠君是为人；而在以社会为本位底社会中，爱国是为己。在此等社会中，人替社会或国做事，并不是替人做事，而是替自己做事。必须此点确实为人感觉以后，爱国方是我们于上篇所说之有血有肉底活底道德。在中国今日，对于有些人，爱国尚未是活底道德者，因有些人尚未确实感觉此点也。其所以有些人尚未确实感觉此点者，因中国尚未完全变为以社会为本位底社会也。许多

人说中国人没有西洋人爱国，此亦可说。不过说此话时，他们应该知道，西洋人之所以很爱国者，并不是因为他们是西洋人，而是因为他们是以社会为本位底社会中底人。中国人之所以尚未能完全如此者，并不是因为中国人是中国人，而是因为中国人尚不是完全以社会为本位底社会中底人。[1]

爱国道德是处理个人和国家关系的道德，只要有国家出现，只要有国家意识出现，就会产生爱国道德。在古代社会，既有忠君道德，也有爱国道德，二者也往往合一。但不能说古代社会生产方式决定了古代只有忠君的道德观念，不可能有爱国的道德观念，只有近代社会化的生产方式才能有爱国的道德观念。而且爱国主义也不是近代社会化生产方式自发产生的。虽然冯友兰并不是完整意义上的历史唯物论者，但他在主观上希望对历史唯物论有所吸收，这是事实。这也说明，30年代的中国学者，还不能较好地运用历史唯物论来处理道德传承、变迁、转化的问题。

把道德分为可变与不可变，与冯友兰倡导的现代化也有直接关联，他说：

---

[1] 《新事论》，《冯友兰文集》第四卷，187页。

> 我们是提倡所谓现代化底,但在基本道德这一方面是无所谓现代化底,或不现代化底。有些人常把某种社会制度,与基本道德混为一谈,这是很不对底。某种社会制度是可变底,而基本道德则是不可变底。可变者有现代化或不现代化的问题,不可变者则无此问题。有人说:现代化不只指生产技术,如"忠于职务,忠于纪律,忠于法律",就是现代化的精神。这话是不对底。照这种说法,则只有现代人方始"忠于职务,忠于纪律,忠于法律"。如果如此,则古代的人凭什么能有社会组织?我敢说:如只有所谓现代化的精神者,方始"忠于职务,忠于纪律,忠于法律",则人类灭绝久矣,哪里还会有所谓现代人?[1]

冯友兰在抗战时期已经直接面对"现代化"的问题了。冯友兰积极倡导现代化,他倡导的现代化的内涵主要是工业化。不过他强调现代化也不是主张一切文化都要现代化。就道德而言,现代化就是一种变化,若提倡道德的现代化,就是承认道德要随现代化时代而变化。而冯友兰认为,基本道德不可变,所以他主张基本道德是无所谓现代化的。还可以指出,冯友兰这里对"忠于职务,忠于纪律,忠于法律"的有力分析,即

---

[1] 《新事论》,《冯友兰文集》第四卷,248页。

认为古人已经有"忠于职务"之"忠","忠于职务、忠于纪律"不是现代人才有的,这既与《新对话》中所说的作为常德的"忠"一致,又恰恰可以用来质疑他对爱国道德的主张。我们可以问,如果只有生产社会化的现代人方始能真爱国,则中国古代的人凭什么凝聚、团结一起而成为世界上最大的民族?这也说明,仅仅用生产方式的基础来解释道德现象的"变"与"常"是不够的。

认为道德有随历史而变的,有不随历史而变的,这在古代儒家早有析论,如《礼记·大传》所说:"立权度量,考文章,改正朔,易服色,殊徽号,异器械,别衣服,此其所得与民变革者也。其不可得变革者则有矣:亲亲也,尊尊也,长长也,男女有别,此其不可得与民变革者也。"古人强调具体的制度规定是可变的,贯穿于制度的精神原则是不可变的。就近代历史而言,至少自梁启超《新民说》以来,道德的可变是流行的主张,而道德有不可变者,反而被人们所忽略了。所以冯友兰此说的重要性其实是在于论证了在近代社会变迁中传统道德有"不可得与民变革者",这是与新文化运动时期的主流思想不同的。冯友兰的思想付诸文化实践,实际上是主张对道德遗产,其不变的内容要继承,其可变的内容要转化,这就使得他的这一思想不仅仅是理论的分析,也是对文化传承实践确立了标准。

四　论中国以尊崇道德为国风

冯友兰在"贞元六书"中，运用他的道德思想对各种有关中国人道德观念的流行说法作了批评辨析。

首先，冯友兰批评了"中国人只知道忠君不知道爱国"：

> 有些人常说："中国人只有家族观念，没有国家观念。"即道德上最好底人亦"只知忠君，不知爱国"。这话亦不能说是错。不过他们须知，中国人在旧日之所以是如此者，并不是因为中国人是中国人，而是因为在往日中国人是生产家庭化底社会中底人。从以上所说，我们可以了解，何以往日人只知忠君，不知爱国，何以有"谁当皇帝都纳粮"的观念。这并不是因为他们愚蠢无知，这是因为照着他们的社会的那一套办法，本来是如此。[1]

其实，中华民族很早就有了国家意识，就提出了爱国的观念，爱国主义精神源远流长。只是由于爱国主义的教育普及受到限制，所以爱国主义的体现受到限制。近代人所说的中国人"只知忠君，不知爱国"，都是不正确的。冯友兰不从政治制度上看，只从生产的社会化与否看问题，认为"只知忠君，不知爱

---

[1]　《新事论》，《冯友兰文集》第四卷，180页。

国"完全是由于生产社会化的程度不足而造成的,这一解释显然是不合理的。

其次,他批评了"中国人不知分别公德与私德":

> 在清末民初,有些人以为中国人不知分别公德与私德,中国人所以不崇拜秦皇汉武,以及则天皇后者,因为中国人以他们的私德与他们的公德相混也。照我们的说法,凡可称为道德者,都是与社会有关底,即都是公底;纯粹只关系一个人的私底事,都是非道德底,即无所谓是道德底或是不道德底。一个人打死了另一个人,他这行为可以是道德底或是不道德底。但一个人多吃了两杯酒,以致头晕呕吐,我们不能说他这行为是道德底或是不道德底。[1]

自从梁启超的《新民说》提出公德和私德的分别后,认为中国人不知分别公德与私德,成为流行的说法。而冯友兰认为,道德都是与社会有关的,都是公的,与社会无关而只关系个人的道德是没有的,只关系个人的是"非道德",即人的行动之亦不维持亦不阻碍其社会的存在者。就是说,凡是道德都是公德,没有私德,所谓私德就是非道德的行为。"纯粹个人的事

---

[1] 《新事论》,《冯友兰文集》第四卷,245页。

就不会有道德问题，所以我们可以说，道德是根本不能分为公私的。"[1]不过这个说法恐怕不能驳倒梁启超。在梁启超的理解中，私德是个人的品德、修养，而公德是指有益于国家、社会的德行。[2]这两者是可以分别的。[3]

再次，他批评了"中国人只知讲旧道德而不知讲新道德"：

> 或可说：中国人原来所讲底道德是旧道德。中国人只知讲旧道德而不知讲新道德，所以中国几十年来要自强，而还没有强起来。照我们的看法，在有些地方，可以说新道德、旧道德；在有些地方，道德是无所谓新旧底。照我们的看法，有社会，有各种底社会。有些道德，是因某种社会之有而有底，如一民族或国家，自一种社会转入另一种社会，则因原一种社会之有而有底道德，对于此民族或国家，即是旧道德；因另一种社会之有而有底道德，对于此民族或国家，即是新道德。但大部分底道德是因社会之有而有底。只要有社会，就需有这些道德，无论其社会是哪一种底社会。这种道德中国人名之曰"常"，常者，不

---

[1] 载《读书通讯》四十六期，1942年7月16日。
[2] 参看陈来：《梁启超的私德说》，《清华大学学报》，2013年1期。
[3] 冯友兰1947年在美国发表的一篇英文论文中，承认"五常是个人之德，三纲是社会之组织原则"（《在中国社会传统基础上的哲学》，载《冯友兰文集》第Ⅰ卷，961页）。

变也。照中国传统底说法,有五常,即仁、义、礼、智、信。此五者的意义及其所以为常,我们于《新理学》中已说过。此五常是无论什么种底社会都需要底。这是不变底道德,无所谓新旧,无所谓古今,无所谓中外。"天不变,道亦不变",对于"常"仍是可说底。忠孝是因以家为本位底社会之有而有底道德。这一点昔人虽未看清楚,但昔人虽以忠孝为人之大节,但不名之曰常,这是很有意义底。关于忠孝,我们于第五篇《原忠孝》中,已说了很多。忠孝可以说是旧道德。我们现在虽亦仍说忠孝,如现在常有人说,我们要对于国家尽忠,对于民族尽孝,不过此所说忠孝与旧时所谓忠孝,意义不同。此所说忠孝是新道德。我们可以说,对于君尽忠,对于父尽孝,是旧道德;对于国家尽忠,对于民族尽孝,是新道德。在这些方面,道德虽有新旧的不同,但能行不变底道德底人,都自然能行这些道德。一个能行仁义礼智信底人,在以家为本位底社会里,然能事君以忠,事父以孝;在以社会为本位底社会里,自然能为国家尽忠,为民族尽孝。[1]

这一段包含了很多重要思想。首先他反对批评中国人只知讲旧道德而不知讲新道德,因为在他看来,被时人批评的旧道德

---

[1] 《新事论》,《冯友兰文集》第四卷,245—246页。

有些属于基本道德，不随社会变化而变化，这些道德无所谓新旧，是不可变的。这种不可变的基本道德在中国古代称之为"常"，"五常"就是任何社会都需要的道德，是不变的道德，这部分道德无所谓新旧，无所谓古今，无所谓中外，天不变"常"亦不变。同时他也指出，有些道德是特定社会的道德，不是一切社会共有的道德，这些与特定社会相联系的道德会随其社会形态转变为另一社会形态而变化，这才促使旧道德变为新道德。此外他提出了一个重要观点，就是一个能奉行五常等基本道德的人，在变化的社会中，自然就能奉行新道德，我以为，这应该是很重要的思想。最后，他对忠孝道德的新与旧提出了他的认识。在《新事论》的第五《原忠孝》中他已经表达了在这个问题上的基本看法。他认为，与五常不同，忠孝不是一切社会都共有的基本道德，只是以家为本位这样一种特定社会因其需要而产生的道德；而随着以家为本位的社会转变为以社会为本位的社会，生产的家庭化转变为生产的社会化，忠孝作为旧道德就要改变。忠孝作为旧社会的旧道德，忠是忠君，孝是孝父；忠孝作为新社会的新道德，忠是对国家的忠，孝是对民族的孝。但是冯友兰只说忠孝可以是旧道德，也可以是新道德，并没有说明新、旧道德何以能够共享共同的道德概念形式。在我们看来，对国尽忠，对民族尽孝，是民族国家建立过程中的道德转化，即把旧有的忠孝道德转化为对民族国家的忠诚，保持道德概念的继承性，而转化其中的具体内容。这当然要有前提,前提就是这些概念本身确有可能容纳其具体内容的改变。忠的概念就满足这个要求,因为自古以来,忠的概念并不是只是臣下对君主的忠贞,而其本身就包含了更广的内容,即尽己为人的责任态度与行为。另外,这里对忠的说明,也完全没有提到他在《新对话》里提到的关于忠的思想。在那里,他认为忠是各人努力做其所担任之事,是不可变的道德。可见他对忠德的处理还不完善。至于孝,他与孙中山等民国人士一样,只讲对民族的孝,完全忽视孝顺父母在现代社会的伦理意义,这应当是受到五四"新文化运动"的影响所致。

1942年,冯友兰还发表过一篇《新旧道德问题》,其中说:

> 什么是不变的道德?举例言之,譬如仁、义。什么是义?"义"与"利"是相对的名词。利是利自己;而义则是利大众。前者是为私,后者是为公。两者的区别也就在此。……这个"义"不论在什么时代都是一样,所以这是不变的道德。
>
> 那么什么叫作"仁"呢?仁的行为也是为公,不过与义稍有区别。仁人不但要求别人的利益,而且还要有与别人痛痒互关的感情。所以仁可以包括义,义就不能包括仁。仁的行为必定是义的行为,可是义的行为则不一定就

是仁的行为。一个社会中的人，必须有仁有义，这个社会才能维持存在。这种道德始终不变，所以并没有新旧之分。

在这篇文章里，冯友兰对可变的道德和不可变的道德，作了明确的举例说明，这就是，不变的道德就是仁义，可变的道德就是忠孝。故他又说：

> 再说什么是可变的道德。中国以前是以家为本位的社会，也是手工业社会。而现在的社会，大多是以社会为本位的社会。我国现在也就从前者慢慢变化到后者，在此变化之中，那种专为维持以家为本位的社会规律——道德——也就有所变更。
>
> 最明显的就是"忠"和"孝"的意义的变更。我们说"孝"的意义变更，并不是说从前要孝顺父母，现在就可以打爹骂娘了（因为那是不仁不义）。所谓"孝"的意义变更，是指孝为一切道德中心之观念的变更。以前所谓"战阵无勇"，"事君不忠"，均认为是不孝。现在却没有这种观念了，因为以前是以家为本位的社会，所以无论什么事都以家为中心。所以一切道德也就以孝为中心，臣子与君主的关系也好像是一家中主仆的关系。"忠"的意义也会变，以前所谓"忠"，是指臣子事君，好像女子事

丈夫一样。没有出嫁的女子，称为处女；没有做官的男子，便称为处士。那时候做官，听各人的便。假使不愿意做官，永远做个处士，那么对君主也就不必尽什么忠了。可是现在却必须为国家尽忠，为民族尽孝。对于国家民族必须是鞠躬尽瘁，死而后已。所以现在我们说忠孝，这忠孝两字的意义，已与从前大不相同了。[1]

冯友兰讲的这些都是《新事论》中所讲的内容，但这篇文章把"忠孝"作为可变的道德与"仁义"作为不可变的道德来对比，是最清楚的。

冯友兰在《新事论》中谈到尊重道德的传统和中华民族发展的关系：

> 我们于第七篇《阐教化》里说，一国可有一国的国风，中国自商周以来，有一贯底一种国风。此种国风是：在中国社会里，道德底价值，高于一切。在这种国风里，中国少出了许多大艺术家、大文学家，以及等等底大家。但靠这种国风，中国民族成为世界上最大底民族，而且除几个短时期外，永久是光荣地生存着。在这些方面，世界上没有一个民族，能望及中国的项背。在眼前这个不平等

---

[1] 《新旧道德问题》，载《读书通讯》四十六期，1942年7月16日。《三松堂全集》第十四卷，275页。

底战争中,我们还靠这种国风支持下去。我们可以说,在过去我们在这种国风里生存,在将来我们还要在这种国风里得救。[1]

冯友兰把中华文化的精神称为国风,认为中国的国风就是"道德价值高于一切"。称为中国的国风,也就意味着中国的精神,中国文化的精神,中国民族的精神。这种用尊重道德来概括中国的文化传统和精神气质,也许不是冯友兰第一次指出的,但是冯友兰切身的体会,值得重视。他认为,虽然这种道德精神也许未能促进中国艺术文学的发展,但靠这样一种精神,中国民族发展为世界上最大的民族;靠这样一种精神,中国才能在战争中得以支持;靠这样一种精神,中国才能在将来得以复兴。中国民族这种道德的凝聚力,是世界各民族中最为突出的。这个看法也就意味着,民族精神和文化传统,具有跨越时代的价值。

他还指出:

> 道德是所以维持社会存在的规律。在一社会内,人愈遵守道德底规律,则其社会之组织必愈坚固,其存在亦必愈永久。由此我们可以看出,中国尊重道德的传统底国

---

[1] 《新事论》,《冯友兰文集》第四卷,243页。

风,与中国社会的组织的坚固,与中国民族的存在的永久,是有密切底关系底。[1]

中国文化中人对道德的尊重,其直接结果是社会的组织愈加坚固,这也促成了中国民族的永久生存。中华民族对道德的态度既提供了一种民族精神,又促成了中国社会组织的坚固化,这是其两项重要的历史社会功能。

五 小结

冯友兰晚年在《三松堂自序》中回顾50年代陈伯达等对他的道德思想的批判说:"我确实认为中国封建时代统治阶级的有些道德,从其抽象或一般的意义说是不变的道德。……我没有说,也没有企图,把中国封建时代统治阶级的'一套'道德'都'当作不变的道德。"[2]很明显,冯友兰在新理学时期从来是把中国封建时代的道德分为可变的和不可变的两种,从来没有把传统道德全部看作不变的道德。陈伯达等人的歪曲只是为了达到批判的目的而已。

他在晚年用普通的白话语言重新解说了他的哲学立场,比起30年代要清楚得多,我们在这里引用几条:

---

[1] 《新事论》,《冯友兰文集》第四卷,244页。
[2] 《三松堂自序》,《冯友兰文集》第一卷,187页。

社会有各种不同的组织，这就有各种不同的社会。比如封建社会、资本主义社会、社会主义社会，这就是不同的社会。但是它们都是"社会"，它们的组织不同，所以也有不同的道德。说不同的社会涵蕴社会，或者说社会发展为不同的社会，无论用哪种说法都可以，但是无论用哪种说法，都可以得到相同的结论，那就是有些道德是跟着社会来的，只要有社会，就得有那种道德，如果没有，社会就根本组织不起来，即使暂时组织起来，最后也要土崩瓦解。有些道德是跟着某种社会来的，只有这一种社会才需要的，如果不是这种社会，就不需要它。前者我称之为"不变的道德"，后者我称之为"可变的道德"。我的企图并不是要把封建时代统治阶级的"一套"道德"都"当作不变的道德；正好是相反，我的企图是要把中国封建时代统治阶级的一套道德加以分析，看看哪些是随着封建社会而有，所以是可变的；哪些是随着社会而有，所以是不变的。所谓不变，也并不是专靠什么人说的，靠的是它本身的作用，谁要硬要变它，谁的社会就有土崩瓦解之虞，十年浩劫就给了我们一个例子。[1]

---

[1] 《三松堂自序》，《冯友兰文集》第一卷，187页。

在理论上,他所说的"社会"是包括一切社会形态,但他实际所列举的,是封建社会、资本主义社会、社会主义社会,他认为这三个社会虽然社会形态、组织结构不同,性质有别,但都是"社会",一切社会都必须有的道德,不随社会具体形态变化而改变,是不变的道德。特定社会的结构形态所决定的道德是随着该社会的存在而有,随着该社会的消亡而亡,是可变的道德。因此在社会转型变化的时代,就要确定哪些是不变的道德,哪些是可变的道德。不变的要继承,可变的要转化。这个道理说来是很明白,不过,我们认真分析起来,所谓不变和可变的道德都需要更清楚地辨析。如前面所引《新事论》讲到的忠孝,照冯友兰所说不是不变的道德,则应属可变的道德,可是旧道德的忠孝和新道德的忠孝,仍然都共用着忠孝的概念作为德目,那么新道德的忠孝和旧道德的忠孝,难道只有新旧的不同和变化,而没有任何继承的关系吗?有继承,就说明有不变的、共同的东西。新的社会的新道德如何建立,难道不是也需要从旧道德的概念形式来转化吗?新和旧能截然分别对立吗?

关于前面提到,他的不可变的道德的思想联系着他的形上学预设,即柏拉图式的理念论。"文革"后,他在反思这个问题时提出,其实,仅就道德的继承、变化而言,他的可变道德与不可变道德的主张,可以不需要柏拉图主义作为前提,就能够成立。他说:

我在抗战末期,有一个讲演题目:《可变的道德与不可变的道德》。我用这个题目讲了很多次。可是总没有把它写下来,因为其基本原理在《新理学》第五章中已经说了。不过《新理学》所说的那一套思想,有一个前提,那就是柏拉图所说的"理念"或朱熹所说的"理"。那个前提就使《新理学》所说的那一套和唯物主义哲学对立起来。其实专就继承问题说,那个前提不是必要的,我们完全可以不要那个前提而专从逻辑方面讲。[1]

他认为,这个问题只需要从概念的逻辑上讲,就能够成立,而不需要从形上学去讲:

譬如我们说,"人是动物"。在这个命题中,"人"这个名词的内涵,涵蕴"动物";也就是说,"人"这个概念,涵蕴"动物"这个概念;人性涵蕴动物性。这三种说法,说的是一回事。第一种说法是就言语这方面说的,也就是从逻辑这方面说的。第二种说法,是就人思想中的概念说的。第三种说法,是就客观实在这方面说的。在这三种说法中,客观实在这方面是基本;概念必须合乎客观实在,才不是胡想;言语也必须合乎客观实在,才不是瞎说。

---

[1] 《三松堂自序》,《冯友兰文集》第一卷,181页。

......有"社会",有"某种社会"。例如我们所常说的资本主义社会、社会主义社会、共产主义社会,都是某种社会。无论是哪一种社会,都是"社会"。如果要是某种社会,必须先是社会,这个先也是逻辑的在先,不是时间上的在先。某种社会涵蕴社会,可是社会不涵蕴某种社会。因为某种社会涵蕴社会,所以这种社会和那种社会虽然有所不同,但总都有同的地方,那就是社会所有的性质,也就是一切社会所共同有的性质,也就是一切社会所必须遵循的规律,无论其社会是哪一种社会。[1]

但概念是人所制造的,概念的关系,并不就能决定地证明客观存在的关系,故逻辑学的蕴含关系并不能决定地证明客观存在的关系,这应当是有所不同的。不过冯友兰强调的观点是清楚的,即存在着一切社会都需要的基本道德,这些道德是不随社会的变化而变化的,是跨越时空、超越地域的。因此传统的道德,其中必有一部分是不变的道德,具有超越时代的普遍适用性。在社会文化的转型时代,就必须对此加以简别,守住基本道德不使流失,以维护社会的根本需要。

归纳冯友兰新理学时期的道德思想,我们认为他的以下观

---

[1] 《三松堂自序》,《冯友兰文集》第一卷,182页。

点是能够成立的：1.在他看来，道德有恒常有变化，道德的常与变是社会转型时代的核心问题，这一点是正确的。2.他从社会组织必须遵守的条件来肯定有普遍道德，认为这些基本道德是古今不变的，也无所谓现代化，这个观点有合理性。3.他认为五常是不变的基本道德，能行基本道德的人，自然能行新的道德，这也是合理的、重要的，但其中转换的机制需要加以阐明。4.他认为中华民族尊重道德的民族精神具有跨越时代的价值和作用，是中华民族的支撑力量，这是正确的。

而他的另一些观点应当加以分析：1.他认为古代忠孝的观念是忠于理念的世界，不是忠孝于个人，这个解释并不充分，但他注重传统道德概念的普遍性意义，是有其意义的。2.他认为烈士行为是为了成为永久道德真理的例证，但这并不是烈士的实际动机，而他所说的责任观念，才能正确解释烈士的行为动机。3.他认为爱国道德只能在生产社会化的社会产生，认为现代社会的人爱国是为己，这并不符合历史事实。古代已经有爱国观念，爱国观念和近代化没有必然关系；而近代国民教育能促进爱国观念之深入普及，则是事实。4.他认为忠孝可以是旧道德，也可以是新道德，主要是因其对象而不同，旧道德的忠是忠于君主，新道德的忠是忠于国家；他有时把忠德看成不变道德，有时又认为忠德有新旧，是有变化的道德。在这一点上他的解释理论不够有说服力。应该说，道德概念的形式可以是旧有的、不变的，而其对象、内涵可以是新的、可变的、可转化的。甚至,"可变"在一定意义上也可以是一种继承的方式或是继承的一种内容,需要引进创造性继承和创造性转化的观念。冯友兰新理学时期道德思想总的特点是,既主要强调传统道德概念的普遍性意涵,也顾及了社会转型时代旧道德向新道德的转化。

冯友兰新理学时期的道德思想,是其早期伦理观念的发展,又是其50年代抽象继承思想的基础,是中国现代道德哲学中有代表性的一家。其中涉及道德的继承、变化问题,至今还是道德重建的根本课题。冯友兰道德思想的中心问题是道德的常与变,常关系着继承,变关系着发展,我们要分析冯友兰的道德思想,总结其思想的经验和教训,以利于中华道德文化的传承与转化。

冯友兰《新世训》的非道德德行论

不同的解读源于不同时代的历史文化语境所形成的不同的理论视野，而且，不同的阅读个体对同一历史文本也会有不同的解读。从这点来看，在"理解"的问题上，我们必须注意获取可能激活文本的理论意义的新的视界。因此，对一个哲学家某部著作意义的认识与理解，并不能完全以这个哲学家的自我陈述为限制，这是很显然的。比如，在冯友兰先生在世时我曾问他，"贞元六书"中何者最为重要，当时他的回答中并没有提及《新事论》和《新世训》，他在《三松堂自序》和《中国哲学史新编》第七册中也明确说过，他认为这两部书价值不高。但在1990年代初，当我研究《新事论》的时候，发现该书所讨论的正是1980年代中期以来最受关注的中西文化问题、文化与现代化问题，这使我对《新事论》的当代相关性和重要意义得出了与冯友兰自己很不相同的认识。[1] 本于这样的经验，对于《新世训》的理解，我也期望能找到类似的视角，这就是，本文试图将其论述纳入现代性的伦理变迁来重新认识其意义。

---

[1] 陈来：《冯友兰文化观述论》，《学人》第四辑，1993。

一

　　20年来中国社会从"社会主义计划经济"到"社会主义市场经济"发展的经验,已经使我们切近地体会到,在以市场经济为基础的现代社会中,"成功"成了青年大众最流行的价值取向,而"高尚"已经成了过去的文化符号。古代儒家的圣贤理想和革命时代的道德追求都已渐渐失落和沉沦。[1]事实上,这是后文革时代道德精神生活的大趋势。当然,在后文革时代的初期,这种趋势的出现主要导源于人们对"文化大革命"的深恶痛绝所带来的对那种高调的革命文化的离弃,但在此后的发展中,与市场经济的发展更结下不解之缘。在这种社会文化发展中,个体自我的张扬与利益的追求,日趋升进,呼应了改革开放和社会主义市场经济的建立,成为中国现代性建构的一部分。

　　中国现代性的展开,并非从20世纪80年代开始。中国的现代化进程,早在20世纪的前30年中已经经历了初期的发展,在文化观念上的"脱古人今",[2]也在新文化启蒙运动中得到了前卫的发展。尽管,从辛亥革命到北伐结束,摆脱政治的分裂

---

〔1〕　在意识形态上,我把1949—1976年的中国内地也算作革命时代。另外,这里的成功是指个人事业与发展的成功。

〔2〕　这是我借用日本明治时代所谓"脱亚入欧"的说法,来表示"新文化运动"中西化派的文化观。

和混乱是政治社会的焦点,科学和民主则是文化运动的核心,但在一个近代社会中如何重建道德和人生方向,也渐渐被提起注意。[1]进入30年代,现代化的进程加快,现代化的问题意识也在文化上渐渐突起,这些都不能不在思想家关于伦理和人生思考上有所反映。另一方面,中国文化中具有长久的道德思想传统,尽管"新文化运动"冲击了"礼教"的社会规俗,但在道德伦理领域"传统"与"现代"的问题并未合理解决,新文化运动后期以后,文化激进主义的声音有所减低,对传统道德在近代社会的意义渐多肯定,为理性地讨论此问题奠定了基础。[2]

冯友兰在20年代曾出版过《一种人生观》(1924)和《人生哲学》(1926),30年代他也就人生问题作过多次讲演。可以说,对人生哲学的留意是冯友兰始终关注的一个重点。《人生哲学》在当时曾列为高中教科书,而《新世训》的各章都先在《中学生》杂志1939年末至1940年初各期上发表,如果说前者之作为中学生读物是被动的,那么后者则可以说是有意地以青年为对象而写作的。从而,指导青年人生和修养成为《新世训》的基调,虽然它在体系上也可以说是《新理学》哲学的一种应用,是对把

---

[1] 事实上,从民初到"五四",这种道德关切一直持续不断。
[2] "五四"时代的伦理革命在口号上是打倒孔家店,但始终围绕的焦点是家庭与男女,即个性对旧式家庭的摆脱,和女性对爱情自由与婚姻自主的追求。故"五四"时期并没有深入现代伦理变迁的其他方面。

传统理学的道德教训诠释于现代生活的一种新论。

从1910年代中期到1930年代中期，以现代化产业为中心的社会经济变化大规模展开，中国的现代工业部门开始迅速增长（尽管它只占整个经济很小的部分），城市社会组织和社会结构剧烈变化，接受了新式教育的新知识青年大量成长，中小以上城市的社会已经告别了传统的面貌。[1]这一切，使得"现代化"或"工业化"已经进入30年代学者的问题意识，1933年出现的关于中国现代化的论争即是标志。[2]正如我们以前分析的，以《新事论》前半部为代表的冯友兰前期文化观，完全是一种现代化的文化观，在其中传统与民族化的问题全未出场；[3]与这种文化观相适应，冯友兰在差不多同一时期写的《新世训》，也明显地具有这种意义，[4]即针对后圣贤时代而提出的一种诠释传统德行以适应现代世俗社会的个人生活的伦理教训。借用"德性之后"的说法，我们称此为"圣贤之后"的人生追寻。[5]

这一"现代"人生观特点的表现是，相对于传统的人生教训而言，《新世训》一书中最显突出的是对"非道德底"生活

---

[1] 参看罗兹曼主编：《中国的现代化》，江苏人民出版社，1988年。
[2] 参看罗荣渠主编：《从西化到现代化》，北京大学出版社，1997年，221页。
[3] 拙著：《现代中国哲学的追寻》，人民出版社，2001年，90—91页。
[4] 《新世训》的大部分篇章先发表于《中学生》杂志1939年10月至1940年3月。1940年5月《新事论》出版，1940年7月《新世训》出版。
[5] 虽然冯友兰在《新理学》、《新世训》、《新原人》中都没有否定"圣人"的观念，但《新世训》的意义确须从圣贤之后的现代人生追寻来理解。

方法的强调。我们知道，在伦理学中对"道德"概念一般区分为"道德的（moral）"、"不道德的（immoral）"、"非道德的（non-moral）"三种。"道德的"与"不道德的"是相对立的，而"非道德的"是指道德上中性的或在道德领域之外的。不过，"非道德的"并非与人生无关，与传统人生教训相比，《新世训》突出的正是非道德方面的人生劝诫。

冯友兰在《新世训》绪论中指出，此书又可称"生活方法新论"，为什么叫生活方法？新论之新在何处？生活方法的概念，冯友兰并没有作过说明，在我看来，所谓"生活方法"，是着重于人在生活中采取妥当适宜的"行为"或德行，而不是集中在内心的修养。这个出发点和宋明理学家是不同的。所谓新论之新，冯友兰有清楚说明，第一"生活方法必须是不违反道德底规律底"，[1] 第二，"宋明道学家所谓'为学之方'，完全是道德底，而我们所讲底生活方法，则虽不违反道德底规律，而可以是非道德底"。[2] 可见，实际上，第一点虽然是首要重要的，但并不是新论之为新的要点，第二点才是新论之所以为新的特点。

他又指出：

---

[1] 冯友兰：《新世训》，《三松堂全集》第四卷，河南人民出版社，2001年，340页。以下凡引《新世训》，仅注明《全集》卷页。
[2] 《三松堂全集》第四卷，341页。

在以前底人底许多"讲道德，说仁义"底话里，我们可以看出来，他们所讲所说者，大致可以分为三类。一类是：道德底规律，为任何社会所皆需要者，例如仁义礼智信等。一类是：道德底规律，为某种社会所需要者，如忠孝等。另外一类是：不违反道德底规律底生活方法，如勤俭。说这些生活方法是不违反道德底规律底，是说，它虽不必积极地合乎道德底规律，但亦消极地不违反道德底规律。积极地合乎道德底规律者，是道德底；积极地违反道德底规律者，是不道德底；虽不积极地合乎道德底规律，而亦不积极地违反道德底规律者，是非道德底。用这些话说，这些生活方法，虽不违反道德底规律，但不一定是道德底。说它不一定是道德底，并不是说它是不道德底，而是说它是非道德底。[1]

也就是说，从今天的立场来看，以前讲道德仁义的教训中，包含了三类规律：第一类是古往今来一切社会都需要的普遍道德原则，第二类是专属某些社会所需要的特殊道德原则，第三类是一些属于非道德性质的但有益于人事业成功的生活行为方法。[2]

---

[1] 《三松堂全集》第四卷，374页。
[2] 在这个说法中，意味着，"讲道德，说仁义"的教训中可以有一部分是"非道德"的生活原则。所以，这里的"讲道德，说仁义的话"实即是广义的人生教训。

他更指出：

> 宋明道学家以为人的一举一动，以及一思一念，都必须是道德底或不道德底，……我们以为人的行为或思念，不一定都可分为是道德底或是不道德底。所以我们所讲底生活方法，在有些方面，亦可以是非道德底。[1]

理学家认为，人的思想"不是天理，便是人欲"，极大地凸显道德与不道德的对立紧张，而没有给其他道德中性的思想感情留下空间，实际上是把许多道德中性的思想感情都划入"人欲"之中。现代社会的伦理的重要特色就是把大量道德中性的思想、行为从理学的"非此即彼"的框架中解放出来，以减少道德评价对人生的过度介入。冯友兰的这种说法当然包含了对宋明理学的批评，但其意义不止于此，其目的主要不在于解放为理学所严加管束的生命欲望上，而在于要突出非道德的人生教训即生活方法的重要意义。

这当然绝不是说《新世训》不讲道德的生活方法，例如忠恕，他一方面仍然"把忠恕之道作为一种实行道德的方法说"，另一方面则"再把忠恕之道作为一种普通'接人待物'的方法说"。[2]这后一点，即把生活方法不作为实行道德的方

---

[1] 《三松堂全集》第四卷，341—342页。
[2] 同上书，364页。

法，而作为一般普通的接人待物的方法教训，正是《新世训》的重点和特色。所以，本文的观点并不是说冯友兰只讲非道德的人生教训，而是说在宣讲道德的人生教训的同时，也重视非道德的人生教训，成为本书的特色。

这种分别就是"道德底"和"非道德底"的分别，用另一种说法，即"道德底"和"理智底"的分别。冯友兰说："我们所讲底生活方法，注重人的道德底活动，亦注重其理智底活动。"[1]所以他认为，"人是理性的动物"这一说法是对的，但还可分析："人之所以异于禽兽者，在其有道德底理性，有理智底理性。有道德底理性，所以他能有道德底活动。有理智底理性，所以他能有理智底活动。"[2]应当说，道德理性的对象是道德规则，理智理性的对象是实存的规律，二者确实有所分别。所谓非道德的人生教训大多是基于社会经验而形成的"世俗智慧"，[3]是由理智理性所总结出来的。非道德的人生教训是要引导人过更为明智的生活道路。

"人之所以异于禽兽"本是指人的本质、本性，此种本质、本性的完全实现便是古代作为理想人格的"圣人"。冯友兰指出：

---

[1] 《三松堂全集》第四卷，354页。
[2] 同上书，351页。
[3] "世俗智慧"的说法来自韦伯，以与伦理观念相区别。

宋明道学家说人之所以异于禽兽者时，他们注重在人的道德方面。而我们说人之所以异于禽兽者时，我们不只注重在人的道德方面，而亦注重在人的理智方面。……宋明道学家所谓"人之至者"，是在道德方面完全底人，而我们所谓"人之至者"，是在道德方面及理智方面完全底人。[1]

这样，《新世训》的人性观也打破了单一从道德本性了解人的传统，同时主张从理智本性来了解人。人的本性不仅体现在其道德的方面，也体现在其理智的方面，即包含两个方面。就"人之所以为人"来说，冯友兰认为："一个人若照着人之所以为人、人之所以异于禽兽者去做，即是'做人'。"[2] "圣人"就是在做人上已完全达到"人之所以为人"的人，"一个人如对于'做人'已可认为至完全的程度，则可称为人圣，人圣即是圣人。"[3] 由于理性有两个方面，道德理性和理智理性，所以人的本性的实现也必须在两方面并进完善。"无论就理性底哪一义说，人都是理性底，而不完全是理性底。但完全地是理性底却是人的最高底标准。所以人必自觉地、努力地向

---

[1] 《三松堂全集》第四卷，353—354页。
[2] 同上书，349页。
[3] 同上书，350页。

此方面做。"[1]从而做人不仅要在道德上达到最高标准,也要在理智上达到最高标准。

这种特点也充分表现在他对"规律"的强调。他说:"人都生活,其生活必多少依照一种规律。犹之乎人都思想,其思想必多少依照一种规律。"[2]他认为,人的思想所依照的规律是"逻辑底规律",此规律不是人强加于思想的,而是思想本来的规律,即"本然底规律"。人的生活所依照的规律是"生活方法",人的生活也有其本来的规律,人的社会生活的"本然底规律"需要与之相对应的一门学问,这就是生活方法。从哲学的概念使用来说,"规律"本来是指一种自然的必然性观念,要人遵从现实的自然的必然性。法律和道德律则是人为制定的当然规则,不限于社会生活的实然经验。正如理学把当然之则和所以然之故都概括为理,冯友兰的新理学也把道德规则和生活规律都叫作规律。[3]

由于此书的特点是突出非道德的人生教训,所以命名为生活方法新论,与此相应,他把"生活方法"对应于"生活规律",即为了符合生活的规律而采取的生活方法。冯友兰强调

---

[1] 《三松堂全集》第四卷,353页。
[2] 同上书,338页。
[3] 冯友兰早在《人生哲学》的最后部分"一个新人生论"中已经区别了天然之道和当然之道,但认为规范法则也是客观的,不随人之主观而改变,其观点似受新实在论的影响。《三松堂全集》第二卷,2001年,217页。

"规律"而不是使用"规则",是很有其用意的。[1]规则用于道德生活,故我们习用"道德规则",而规律则多指道德领域之外的生活经验的总结。所以冯友兰强调"生活规律",虽然与其新理学形上学有关,但更和其在本书对非道德生活的重视有关。"道德规则"是讲人应该如何做,"生活规律"是讲人如何做才能趋利避害。故此书在态度上是更多地把"道德教训"的规范,变成"经验之谈"的规律,或寓道德规则于经验之谈。在中国传统文化中,这一类的内容很多,如《老子》、《周易》中多很强调人生成败的经验教训,其中有不少可以说反映了社会生活的规律,是属于非道德的德行。儒家文化中也容纳了不少此类内容。特别是,在世俗儒家文化中,也就是儒家思想和价值在具体应用于家庭、社会、人际交往的实践中所形成的实践形态,如家训、家规等,这些家训、家规都受儒家价值的影响,但同时以经验教训的面目出现。

二

现在我们来通过《新世训》的若干具体内容,说明冯友兰在此书对"道德底"和"非道德底"同时并重的"双焦点"透

---

[1] 不管是规律或规则,冯友兰的这种强调不能不使人联想起不同于"德性的道德"的"规则的道德"的概念。参看石元康:《从中国文化到现代性》,台湾东大图书公司,1998年,107页。

视的论述方法。大体说来，此书的十篇中，一部分是就传统的道德德目（如忠恕、中庸、中和、诚敬）讲出道德与非道德的两种现代应用；另一部分是就传统的非道德德目（如勤俭、无为、冲谦）讲出其现代生活的意义。以下举出几点：

（一）忠恕

此书第二篇为"行忠恕"。对于忠恕，冯友兰的讲法是："照我们的讲法，忠恕一方面是实行道德的方法，一方面是一种普通'接人待物'的方法。"[1]

于是他先论孔孟所讲的忠恕之道，这就是"把忠恕之道作为一种实行道德的方法说"。[2]所谓实行道德的方法，即以忠恕为"行仁"的方法。冯友兰认为，在这个意义上的忠恕，是指"尽己为人"和"推己及人"。"怎么样才算是尽己为人呢？为人做事，必须如为自己做事一样，方可算是尽己为人。人为他自己做事，没有不尽心竭力底。他若为别人做事，亦如为他自己做事一样底尽心竭力，他愿意把他自己的一种事，做到怎样，他为别人做一种事，亦做到怎样，这便是尽己为人。""所以忠有照己之所欲以待人的意思。我们可以说，己之所欲，亦施于人，是忠。己所不欲，勿施于人，是

---

[1]　《三松堂全集》第四卷，358页。
[2]　同上书，364页。

恕。"[1] "一个人因他的自己的欲或不欲，而推知别人的欲或不欲，即是'能近取譬'。"[2] "忠恕之道的好处，即行忠恕之道者，其行为的标准，即在一个人的自己的心中，不必外求。"[3] 推己及人为恕，这是古人已有的讲法，但宋儒解释"忠"，只说"尽己之谓忠"，意有未全，冯友兰对忠恕的解说，特别是对"忠"所做的"尽己为人"的解释，应当说是对传统儒学的很好的发挥。

接着，冯友兰说："以下我们再把忠恕之道作为一种普通'待人接物'的方法说。"这就不是指道德行为了，而是指非道德的生活方法了。他说："在日常生活中，有许多事情，我们不知应该如何办。此所谓应该，并不是从道德方面说，而是从所谓人情方面说。"[4] 人情就是非道德生活方法的忠恕之出发点。在这方面，他举出，"一个人来看我，在普通底情形中，我必须回看他。一个人送礼物与我，在普通底情形中，我必回礼与他，这是人情"。"'来而不往，非礼也。'若专把来往当成一种礼看，则可令人感觉这是虚伪底空洞底仪式。但如我去看一个人，而此人不来看我，或我与他送礼，而他不与我送礼，或我请他吃饭，而他不请我吃饭，此人又不是我的师

---

[1] 《三松堂全集》第四卷，359—360页。
[2] 同上书，362页。
[3] 同上书，362页。
[4] 同上书，364页。

长、我的上司,在普通底情形中,我心中必感到一种不快。因此我们可知,如我们以此待人,人必亦感觉不快。根据己所不欲,勿施于人的原则,我们不必'读礼'而自然可知,'来而不往',是不对底。"[1]因此,非道德方面的忠恕,就是行为要合乎人情,"一个人对于别人做了某种事,而不知此事是否合乎人情,他只须问,如果别人对于他做了这种事,他心中感觉如何。如果他以为他心中将感觉快乐,则此种事即是合乎人情底;如果他以为他心中将感觉不快,则此种事即是不合乎人情底"。[2]这一类的事情,他还提出说好话的例子:"人都喜听好话,这是事实。在相当范围内,对于人说好话,使其听着顺耳,是行忠恕之道,是合乎人情底……这些话可以使受之者心中快乐,而又于他无害,所以说这些好话是行忠恕之道,是合乎人情底。但如说好话超过相当底范围,则听之者或将因此而受害。"[3]这是最明显的"非道德"但不是"不道德"的生活例子,也是教人避害招利以求成功的处世方法。

在"行忠恕"这一章,冯友兰还详细地讨论了面对各种复杂情形如何行忠恕之道及其理据,限于主题,这里就不展开了。

---

[1] 《三松堂全集》第四卷,364页。
[2] 同上。
[3] 同上书,367页。

（二）无为

此书第三篇为"无为"。此篇讨论的"无为"是指"无所为而为"，他指出，有两种"无所为而为"，一种是道德的，如儒家所说者；另一种是非道德的，如道家所说者。

他说："儒家对于'为'底态度，不是'无为'，而是'无所为而为'。如因一事是对于个人有利，或有功，而为之，则此行为是有所为而为。利或功即是此为之所为。如因一事是应该为而为之，则此为是无所为而为。无所为而为与无为不同，但一个人若能无所为而为，则亦可得到一种无为。宋明道学家所说底无为即是属于这一类底无为。"[1]他又指出，从儒家说，"就一个人说，他做事应该只问其是否应该做，而不计较其个人的利害，亦不必计较其事的可能底成败，此即是无所为而为。……"

"道家所说率性而为底无为，实则亦是无所为底无为。不过道家所说率性而为底无为，注重在兴趣方面。而儒家，如宋明道学家，所说无所为而为底无为，则注重在道德方面。我们以下讲无所为而为底无为，亦从两方面说，一方面从兴趣说，一方面从道德说。"[2]

从兴趣做事，即顺其兴趣的自然，没有矫揉造作，没有功利目的，如"棋迷为下棋而下棋，戏迷为唱戏而唱戏，他们

---

[1]　《三松堂全集》第四卷，375页。
[2]　同上书，376页。

对于下棋或唱戏,并不预存一位国手或名角的心,他们的下棋或唱戏,是随着他们的兴趣去做底。他们的下棋或唱戏,是无所为而为。他们对于下棋或唱戏,虽刻苦用功,然亦只觉其乐,不觉其苦,故亦是无为。凡人真能随其兴趣去做者,皆是如此。[1]

通过以上的讨论,冯友兰同时肯定了儒家和道家两种非功利的人生态度和做事态度。

(三)中庸

关于儒家所说的中的本义,冯友兰认为:"'中'是无过不及,即是恰好或恰到好处的意思。……做事恰到好处之好,可就两方面说:一方面就道德说,一方面就利害说。就道德方面说,所谓做事恰到好处者,即谓某事必须如此做,做事者方可在道德方面得到最大底完全。就利害方面说,所谓做事恰到好处者,即谓某事必须如此做,做事者方能在事业方面得到最大底利益。"可见,虽然都是"必须",但这两种必须的意义不同。冯友兰认为,儒家的"中"是从道德的方面讲,道家的"中"是从利害的方面讲,"儒家讲用'中',做事不可过或不及,是就道德方面说'中'。道家讲'守中',凡事都要'去甚','去奢','去泰',是就利害方面说

---

[1] 《三松堂全集》第四卷,380页。

'中'。"[1]

冯友兰不仅区别了道德或非道德的两种讲法，还就这两种讲法中的大路和小路作了区分，如宋儒进一步讨论了"中"的问题，冯友兰分析说："程子又说：'中者，天下之正道。'他所说底这个道字，或许有特别底意义，不过我们可以把这个道字作路字解。对于任何事，都有一条合乎中道底路可走。这条路人人都可走底，所以谓之正路，亦可谓之大路。不走这条大路，而好走小路者，《中庸》谓之'索隐行怪'，'行险徼幸'。小路虽亦可人走，走小路或亦有时有特别底方便，但走小路总亦有特别底不方便。"[2]从道德方面说，天下之正道，就是可普遍化的道德公律，就是己所不欲，勿施于人。

从非道德的方面说也是如此，冯友兰指出："以上是专就道德方面说庸。从功利方面说，凡是能使某种事最成功底办法，亦是最平常底办法。例如一个人如想发财，最平常底办法，是竭力去经营工业或商业。……这是大道，亦即上所说的大路。这是人人所都知道底，亦是人人所都能进行底。如有人嫌此大路太迂曲，嫌此办法太拙笨，而求另外直捷底路，巧妙底办法，则即是所谓'行险徼幸'。"[3]可见，冯友兰不仅区分了道德的和非道德的不同讲法，而且在这两方面都充分诠释

---

[1] 《三松堂全集》第四卷，389页。
[2] 同上书，396页。
[3] 同上。

出其教训人生的意义。

（四）冲谦

冯友兰认为："就中国的传统思想说，谦虚是一种人生态度，其背后有很深底哲学底根据。此哲学根据，一部分即是《老子》及《易传》中所讲底道理。"[1]在冯友兰看来，《老子》以及《周易》的很多说法都是从非道德的方面着眼的，关于谦虚的讲法就是其中一种。

他说："老子对于人生，有很深底了解。他观察人生，发现了许多道理或原则。这些道理或原则，他名之曰'常'。他以为人若知道了这'常'，而遵照之以行，则即可以得利免害。若不知这些'常'而随便乱作，则将失败受害。他说：'知常曰明。不知常，妄作，凶。'"[2]可见，这种讲法，即不谦虚就会失败受害，是一种"从利害上讲"的角度，而不是从道德上讲。换言之，这种对于谦虚的讲法也是就非道德的意义上强调的教训。

冯友兰认为，这种就事物的利害成败来分析，与科学的讲法很相似，即是道德中立的："在这一点上，老子很有科学底精神。……老子所说底话，有许多对于道德是中立底。在这一点，他亦与一般科学家相似。科学家所讲底道理，对于道德

---

[1]　《三松堂全集》第四卷，401页。
[2]　同上。

是中立底。有些人可以应用科学家所讲底道理做道德底事，有些人亦可以应用科学家所讲底道理，做不道德底事。但对于这些，科学家都是不负责任，亦不能负责任底。在有些地方，老子亦只说出他所发见底道理，至于人将应用这些道理做些什么事，老子是不负责任，亦不能负责任底。例如老子说'将欲歙之，必固张之……'。"[1]

守冲谦可以就客观环境说，亦可就主观心理说。冯友兰说："如欲使一某事物的发展，不至乎其极，最好底办法，是使其中先包括些近乎它的反面的成分。例如一个资本主义的社会，如发展至一相当程度，而仍欲使其制度继续存在，最好的办法，是于其社会中，先行一些近乎是社会主义底政策。"[2] 这就是就客观环境说："就社会说是如此，就个人说亦是如此。如一个人想教他的事业或学问继续发展进步，他须常有戒慎恐惧之心……人若常存戒慎恐惧的心，则是常存一近乎是志得意满的反面的心。所以他的事业，无论如何成功，如何进展，都不是其极。所以他的事业，可以继续发展进步。……一个人的这种戒慎恐惧的心理，在态度上表现出来，即是谦虚。"[3]

冲或虚是就一个人的心理状态说，谦是就此种心理之表

---

[1] 《三松堂全集》第四卷，401页。
[2] 同上书，403页。
[3] 同上书，404页。

现于外者说。之所以要表现于外，是因为谦可以调节人与他人的关系。冯友兰说："以上是就一个人及其事业说。就人与人的关系说，谦亦是一种待人自处之道。人都有嫉妒心，我在事业或学问等方面，如有过人之处，别人心中，本已于不知不觉中，有嫉妒之意。如我更以此过人之处，表示骄傲，则使别人的嫉妒心愈盛，引起他的反感。大之可以招致祸害，小之亦可使他不愿意承认我的过人之处。"[1]冯友兰承认："我们以上说谦虚的好处，及骄盈的坏处，亦是就利害方面说。若就另一方面说，一个人可以有一种知识或修养，有此种知识或修养者，可以无意于求谦虚而自然谦虚，无意于戒骄盈而自然不骄盈。"[2]就利害方面说，就是从非道德方面说。

总之，《新世训》教导青年做人要谦虚、要勤俭、要专心、要诚信、要奋发、要有朝气；做事要凭理性判断，做事要合乎人情；己所不欲，勿施于人；做事不要太急功近利、尽可能无所为而为，做事需要细心计划，认真实行；做事要走正道大路，不要侥幸用小聪明；做事能宽容，心中之事，过而不留，情顺万物而无我；对于成功不必过于期望，对于失败不必预为忧患；要善于做领导，无为无私、存诚居敬。这些都是对青年非常重要、有益的指导和教训，而其中不少都是属于道德中性的内容。

---

[1] 《三松堂全集》第四卷，405页。
[2] 同上。

本文的任务不是全面叙述《新世训》的内容，故不再深入讨论其内容。我们所要指出的是，表面上看来，《新世训》中所说的"道德底生活方法"是来自儒家，而"非道德底生活方法"多来自道家，但不能仅仅把此书仅看成是亦儒亦道或儒道结合的一种文化混合物。事实上，这些非道德底生活方法在历史上也为广义的儒家文化所容纳。从《新世训》的读者对象来说，此书与明清时代的通俗儒家作品，如蒙学读物等，所以必然包涵一些道德中性的和功利主义的元素。而我们更要看到这种对非道德生活方法的关注所具有的现代社会生活的背景。正是在此种生活背景之下，冯友兰力图提出一种适应人（尤其是青年人）在现代社会生活的人生哲学。也可以说，正是他注意到非道德生活方法在现代生活的重要性，才注意利用中国文化中广泛的人生思想资源。

三

前面我指出，所谓生活方法，是着重于人在生活中的妥当适宜的行为。这里所说妥当适宜，是指这些行为有助于个人在社会的成功。冯友兰晚年在《三松堂自序》中回顾说：

> 在抗战以前，开明书店出了一个刊物，叫《中学生》，发表关于青年修养这一类文章。我还在南岳的时

候,他们向我约稿,当时没有写。到了昆明以后,写了一些,在《中学生》上连载。后来把它们编为一部书,题名为《新世训》。当时我想,这一类的文章,在旧时应该称"家训",不过在以社会为本的社会中,读者的范围扩大了,所以称为"世训"。现在看起来,这部书主要讲了一些处世术,说不上有什么哲学意义,境界也不高,不过是功利境界中的人的一种成功之路,也无可值得回忆的了。[1]

从"青年修养"和"家训"的提法可知,此书的撰写最初起因,应当是教导青年如何"做人做事"。但本书的实际内容,是偏重在如何做人以获得"人的成功"。换言之,本书讨论的是,一个人要在社会取得成功,他应当如何处事、做人、自处。成功的关注,在古代即是属于功利的范畴,正统儒家往往把"功"和"德"严加区别,而冯友兰此书的特点,照其自己这里的说法,则是把"功"和"理",即把个人的成功和社会生活规律(规则)结合起来,把个人的"功利"和"行德"结合起来。道德规则是"无所为而为"的,而经验之谈是"有所为而为"的,道德规则强调人应当这样做,只服从道德规则,即使个人吃亏也要这样做。而经验之谈是告诉人怎样做才能做

---

[1] 《三松堂全集》第一卷,221页。

事顺利和成功。

比《三松堂自序》更早,他在1950年代自我批判的时期也说过:

> 《新世训》那本书中,讲修养方法,也是就个人立论,从个人出发。至于新哲学则无论讲什么,都是就群众立论,从群众出发。这是旧哲学与新哲学中间的一个主要分歧点。[1]

他指出,传统哲学的希圣希贤,虽然不离开社会活动,但目的是提高自己、完成自己。而新哲学(指解放后提倡的无产阶级哲学)主张一切为人民服务,出发点不能有丝毫为个人自己的动机。"假使一个人老想着使他自己成为圣人,他还是老想着自己。老想着自己就是不能忘我。宋明道学家常以为,佛家底人想叫自己成佛,是自私的。""无产阶级底哲学,就是无产阶级社会的哲学。在这种社会里,没有私人财产,因此也没有个人主义,一个人不但不想使他自己成为富人贵人,也不想使他自己成为圣人。"[2] 就是说,想使自己成为圣人,这里仍然有着为自己的动机,还是没有忘我。这也就是说,《新世训》还保存着或追求着一种个人主义的东西。但冯友兰所说的这种

---

[1] 《三松堂全集》第十四卷,927页。
[2] 同上书,929页。

个人主义不是当代社会主义文化所否定的利己主义,而是近代以来西方社会文化所说的个人主义。

在这里,我们看到他的更重要的一段自述:

> 还是在青年的时候,我很喜欢佛兰克林所作的《自传》,在其中他描写了他一生中怎样由一个穷苦的小孩子逐渐成为一个成功的世界闻名的大人物。当然,他的成功并不是用损人利己的方法得来的。他的成功跟美国的社会的进步也有一定的联系。我们也不能说他不是一个具有民主思想的爱国主义者。但是他的活动的主要推动力,是资产阶级个人主义。……我在《新世训》里所宣传的,实际上就是这种生活方式。我虽然也经常提到中国封建主义哲学家所讲的生活方法,也经常引用他们的言论,但是我跟他们在有一点上是有基本不同的。我说:"宋明道学家所谓'为学之方',完全是道德底,而我们所讲底生活方式,则虽不违反道德的规律,但不一定是道德底。说它不一定是道德底,并不是说它是不道德底,而是说它是非道德底。"这就是说,我所讲的生活方法,所要追求的一个主要部分,是在不违反道德的范围内,尽力追求个人的成功。这正是不折不扣的资产阶级个人主义的人生观。……

《新世训》的总目的还是个人的成功。[1]

这一点非常重要，就是说，此书关注和所要解决的重要问题是"如何不违反道德地追求个人的成功"，一种追求成功的进取精神如何不违反道德，这不仅对当时经历了现代中国第一波现代化高潮的30年代的青年人生观有意义，对今天从社会主义计划经济到社会主义市场经济的社会转型，也具有现实的意义。这就是为什么冯友兰在此书中着力于"非道德方面"的人生教训的根本原因。当然，由于在自我批判时期，冯友兰并没有正视此书的积极面，即虽然就个人而言，此书包含着对个人追求成功的肯定，但就社会而言，此书无疑地具有在市场经济条件下的指导青年人生、增益社会良性行为的积极的社会功能。

　　虽然这些是冯友兰自我批判时期的反省，但是去掉那些"资产阶级"一类的帽子和一味自我批评外，我认为其中也透露出许多他的原始的想法，有重要的价值。在冯友兰研究中，我一向主张，不要把那些带有自我批判和反省气息的文字都看作言不由衷的敷衍之辞。在事实的层面，那些叙述不仅没有背离真实，而且由于年代接近新理学时期，它所陈述的内容往往更加真切。比如，即使在这个自我批判的时期，他不仅没有回避，而是仍然肯定了富兰克林的个人主义和美国的社会进步

---

[1]　《三松堂全集》第十四卷，980—981页。

有关系。他甚至说,《新世训》谈的就是富兰克林式的生活方式。我们知道,马克斯·韦伯很推重富兰克林的工作伦理,更把新教伦理的勤俭、职业观念等作为近代资本主义的精神,所以,冯友兰这里所谓"个人主义"在一定意义上就是韦伯所肯定的近代社会的一种伦理精神。

马克斯·韦伯在《新教伦理与资本主义精神》的第二章"资本主义精神"的开始,大段大段地引述了富兰克林教导年轻人的话,如:"切记,时间就是金钱。……切记,信用就是金钱。……除了勤俭和勤奋,在与他人的往来中守时并奉行公正原则,对年轻人立身处世最为有益",等等。[1]韦伯肯定了这些话是"具有伦理色彩的劝世格言",认为这体现了"一种近代资本主义精神"。[2]然后韦伯指出:"富兰克林所有的道德观念都带有功利主义的色彩,诚实有用,因为诚实能带来信誉;守时、勤奋、节俭都有用,所以都是美德。"[3]这些都和《新世训》的内容在性质上确有类似之处,虽然冯友兰所讲,与富兰克林相比,做人和做事的部分更多。

富兰克林的说法被推到极端,会得出外在形象比内在美德更重要的结论,但韦伯也指出,富兰克林本人仍然重视培养内

---

[1] 《新教伦理与资本主义精神》,三联书店,1987年,33—35页。
[2] 应当注意,韦伯所说的"资本主义精神",是指"某些宗教观念对于一种经济精神的发展所产生的影响,或者说一种经济制度的社会精神气质"。见《新教伦理与资本主义精神》,16页。
[3] 同上书,36页。

在的品格和美德。尽管如此,韦伯仍然指出:"我们引用的富兰克林的话所表现的那类思想,虽曾令一整个民族为之喝彩,但在古代和中世纪,则肯定会遭排斥,……事实上,一切尚未卷入或尚未适应现代资本主义环境的社会群体,今天对这种思想仍抱排斥态度。"[1]如果我们把韦伯着眼于经济伦理或工作伦理的表达换成一般伦理学的语言,那么可以说,韦伯在富兰克林那里所看到的正是传统的非功利主义到近代功利主义的转变,一种近代社会的人生态度与精神。这也说明,带有功利性的思想,在古代是被正统思想所排斥的,因此富兰克林也好,冯友兰的《新世训》也好,正如韦伯所说,这种包涵着具有功利主义色彩而道德中性的劝世格言,正代表了从古代到近代在伦理观念上的一种转变。[2]所以,《新世训》的这种适应转型时代社会的伦理特点和《新事论》前半部的现代化取向的文化观是一致的,即冯友兰希望为多数人提供一种适合现代化过程的行为伦理,一种适应现代社会和市场经济结构的伦理。

四

不用费力我们就可观察到,《新世训》的重点在"行",

---

[1] 《新教伦理与资本主义精神》,39页。
[2] 冯友兰的这种态度是否受到杜威的影响,无人研究,但至少"尊理性"的讲法与杜威接近,杜威的《旧个人主义和新个人主义》与冯友兰思想相当接近。

如各篇的篇名:"行忠恕"的行,"道中庸"的道,"为无为"的为,"守冲谦"的守,"致中和"的致,都透露出此书重心在"行为"而不在德性。[1]这与传统儒家重在内心之德的修养方法是不同的,也于稍后《新原人》重点在"心"(境界)的论述不同。正因为如此,冯友兰明确说明生活方法不是修养方法。冯友兰说:"我们于以上所说底生活方法是'生活'方法,凡生活底人都必须多少依照之。"他特别指出,生活方法是为一个要成为有做事能力的人所做的准备,即求得做事能力的方法。"所谓修养方法,可随人的人生观不同而异。但我们于此所讲底生活方法,则不随人的人生观的不同而异,因为我们所讲底生活方法是'生活'方法,凡是生活底人都须用之。"[2]所以此书的不少内容似在突出人生教训的技术意义,而不是规范意义,而技术当然是理智的对象。当然,由于《新世训》突出的是"非道德的教训",突出的是"处事术"和"生活术",颇注重在待人处己的技术(方法)指导的方面,所以还不是全面讨论道德伦理的著作,但其对青年人生的指导意义实有其重要的意义,不可低估。

如果用《新原人》和冯友兰1949年以后的说法,《新世训》虽然讲道德行为,但其实是以合乎道德的行为作为手段,以达到个人为我和成功的目的,所以他们的行为是合乎道德

---

[1] 如果说《新世训》是讲"行"(行为),则《新原人》是讲"心"(境界)。
[2] 《三松堂全集》第四卷,347页。

的，但不是从道德境界发出的。[1]就是说，《新世训》所倡导的诸行为，不仅是道德中性的，既是使道德的行为，也是从有益其成功来说的。[2]冯友兰在《新原人》中说："一切利他行为，都可以作为一种利己的方法。古今中外，所有格言谚语，以及我们的《新世训》，虽都是'讲道德，说仁义'，但大都是以道德仁义作为一种为自己求利的方法。"这是冯友兰自己清楚地承认的。他还指出，不仅古代谚语格言，就是典籍所论，也有不少此类的讲说，如"老子书中，有许多地方，都把合乎道德底行为，作为一种趋利避害的方法。如说：'非以其无私耶，故能成其私。''夫惟不争，故天下莫能与之争。'无私不争，是合乎道德底行为，但老子都将其作为一种为自己求利的方法"。[3]由于此书的视点聚焦在行为上，所以其所倡导的处世方法似更多属于"对"，而不是"善"。

应当指出，虽然《新世训》中有不少哲学的阐述，但就读者对象来说，《新世训》在性质和功能方面与古代通俗伦理读物有类似之处，它不是讨论精英儒者的修养功夫，而是对一

---

[1] 陈战国指出，冯友兰在《新理学》中认为道德行为就是合乎道德规律的行为，强调道德的客观原则；《新原人》认为为道德而行的行为才是道德行为，强调的是道德的主观原则；二者似相抵牾，而实则冯友兰欲把功利主义和道德自律结合起来。参看其所著：《冯友兰哲学思想研究》，北京大学出版社，1999年，181页。
[2] 事实上，此书中的"从非道德方面"所说的，往往就是为了个人的成功而采取合乎道德的行为。
[3] 《三松堂全集》第四卷，535页。

般社会人士提出的行为指导,这是它具有上述特点的原因。所以,在《新世训》出版两年后完成的《新原人》,同样是讨论人生观,便与《新世训》的着眼点不同了。冯友兰后来在回忆《新世训》时说过:

> 我还可以说,《新世训》不过是一本通俗的书,所讲的生活方法,只是为一般人说的。新理学的人生观并不仅仅就是这个样子。在新理学的体系里,是提出了一个人生的崇高目的,就是"希圣希贤"。……《新世训》所讲的是一种低级的人生观和生活方式,《新原人》所讲的是一种高级的人生观和生活方法。[1]
>
> 《新世训》所讲的人生观和生活方法,就是《新原人》所讲的功利境界中的人。我在《新原人》里也承认这种境界不高。我也认为比较高的是所谓道德境界。[2]

可见,《新世训》和《新原人》的区别,首先是针对于不同读者的区别。照这里所说的,冯友兰在《新世训》里突出讲的是适合普通人的生活方法,在境界上属于不太高的功利境界;而他在稍后不久的《新原人》里则贬低功利境界,又提出一种高级的人生观和生活方法,在境界上属于传统圣贤君

---

[1]《三松堂全集》第十四卷,984页。
[2] 同上书,986页。

子的道德境界（和超道德境界）。因此，在这个意义上，《新原人》不是《新世训》的否定，而是对《新世训》的发展。然而，从另一方面来看，对于冯友兰来说，这两部书即使不构成矛盾，也存在着重大区别，反映着从传统到现代的社会伦理变迁的深刻矛盾。简言之，他既觉察到现代社会道德的变化趋势，从而希望作出一种伦理的调整，如《新世训》；又想保留古代的人生理想，如《新原人》。就《新世训》而言，其中重要的问题包涵了如何对待个人主义伦理的问题。所谓"功利境界"的问题亦须从个人主义伦理的问题来了解，才能显示出其完整的现代意义。这里所说的个人主义不是指相对于集体主义而言的个人主义，也不是指注重权利诉求的个人主义，而是指异化于美德伦理的个人主义生活方式，这种个人主义是道德中性的个人主义，与不道德的利己主义不同。

固然，道德境界高于功利境界，但冯友兰在这里使用的"低级的人生观"显然也染着50年代初期的时代色彩，即1949年以后的一个相当时期中对个人主义的不加分析的排斥。如果从现代的角度看，《新世训》中劝人"做人"的"人"，虽然不是圣人，但这样的人生却已经是现代社会难得的正面人生，其积极意义应当充分肯定。正如，"消极的自由"与"积极的自由"不同，但"消极的自由"仍有其重要的意义。在这个意义上，《新世训》较偏于消极的自由，即如何不违反道德；而《新原人》更发展了积极的自由，即如何由道德境界进而达到超道德的境界。[1]当然，冯友兰最终在《新原人》里找到了他自己看来是更好的解决之道。在这个意义上，《新世训》对于他自己并不具有终极的意义。但是，放在现代中国社会伦理变迁中来看，《新世训》中涉及的问题确实值得重视，即儒家的传统人格理想在现代社会如何调适。对于现代社会的人，哲学家不能只提出极少数人才能达到的最高的精神境界，必须为规范大多数人的现代人生提出可知可行的正当的生活方式。《新世训》正是以大多数现代人为对象而提出的行为指导，其性质与《新原人》是不相同的，也更具有社会伦理的现实功能。而非道德的处世方法若上升为价值观念，也是现代人所需要的健康人生理念的一部分，即不唱道德高调，但仍给人生以适当的指引。在这个意义上，《新世训》的伦理意义不容忽视。也正是在这一意义上，我曾说"《新世训》论述了现代社会的人的生活行为的基本规律，谋求从古代的圣人道德向现代的以个人为基础的道德生活的转变"。[2]

如本文一开始所说的，成功的追求已经成为当今青年的

---

[1] 这里所用的消极自由和积极自由的概念既不同于康德，也不同于伯林。
[2] 陈来：《从"贞元之际"到"旧邦新命"——写在冯友兰先生全集出版之际》。事实上，清代自中期以后的思想文化已经没有再突出圣人理想了，五四以后传统的圣人理想更渐落寞，这一过程可谓去圣化的过程。但没有圣人理想不等于德性伦理不能成立。中国伦理的近代进程，其要点即"去圣化"之后德性伦理如何保持。而不仅"去圣化"和政治、教育的变迁密切相关，去圣之后的德性伦理的实现也仍然以道德权威得以成立的政治、教育的条件密切关联。

主导价值取向，但成功和做人如何统一，如何获致正当或正确的方法以求成功，使人得以保持好的行为以防止堕入不道德，正是这个时代所需要的人生行为导向。从这方面看，《新世训》是有其意义的。特别是，它提示出，德性之后，不见得就是感性的张扬，在后圣贤时代中，"生活方法必须不违反道德规律"仍然是人生重要的课题。在法律和道德之外，道德中性的人生教训对现代人也甚为需要。事实上，《新世训》并没有鼓吹"成功"的价值，仍然希望在传统圣人理想去魅化以后能找到适宜的方式给青年人生以正确指导。至于冯友兰思想中更为积极的人生与价值理想，要到《新原人》中才能完全发展出来，这一点我们将在另外的机会来详细讨论。

从伦理学的性质来看，《新世训》的主题是德行论的，而不是境界论的（像后来《新原人》那样），属于德行伦理。而《新世训》的德行论，又与一般的德行论如孔孟、亚里士多德不同，是专注于非道德的德行论。如上所说，这是和社会转型时代的需要结合在一起的。在这个意义上，《新世训》也是儒家德行伦理的近代的一种转化和调适，值得重视和研究。

境界伦理学的典范

——有关冯友兰《新原人》的思考

众所周知,在冯友兰先生的"贞元六书"中,《新原人》一书最受关注,其主题是讲四种境界。冯先生此书所谓的"境界"是指人生境界,他晚年更强调他所说的境界就是"精神境界"。从伦理学史来看,西方伦理学从来不讨论人的精神境界问题。虽然西方哲学史上也有个别哲学家谈到过与境界相关的哲学精神阶段,如克尔凯郭尔所提出的审美阶段、伦理阶段、宗教阶段,都可以看作与境界有关,但西方哲学始终并未把境界问题看作伦理学的一部分,只在宗教哲学中有所涉及。冯先生的"贞元六书"始于《新理学》的新实在论建构,而终于《新原人》的境界学说,整个体系落脚在中国哲学的传统,对现代中国哲学作出了重要贡献。

人生境界的讨论亦属人生哲学。"人生哲学"的概念晚近已很少见提起,"人生哲学"似乎已经不被认为属于哲学的领域。古代从亚里士多德到斯多葛学派认为研究人生即是伦理学,所以,对人生哲学的讨论更多地被归属于古代伦理学的讨论,而在现代伦理学中却已经找不到人生哲学的地位。不过,在20世纪前期的中国,情况并不完全如此,当时人生哲学颇受重视，如冯先生特别重视人生哲学，他在美国作的博士论文的主题即是人生哲学。他在其早年的《人生哲学》中指出，哲学包涵三大部分，即形上学、知识论和人生论，人生论的目的在求一对于人生的道理，伦理学是人生论的一部分。

90年代以来，很多学者都谈到冯先生晚年对新理学体系的回归，其实，冯先生晚年并没有完全回到新理学，特别是在形上学方面。虽然冯先生晚年重新强调共相和殊相的问题在哲学史上的根本重要性，但他吸收了黑格尔和马克思对具体共相的哲学思维之后，重新建立了他对共相、殊相的哲学理解，对新理学的形上学做了改造。而冯先生晚年真正完全回到新理学时期的思想是关于精神境界的思想。甚至可以说，"精神境界"是冯先生从前期到后期的始终不变的一个基本思想，因为，即使在50年代他深入批判自己新理学体系时，他最想不通的也是关于批判其精神境界论的问题。[1]而且，晚年冯先生不仅没有改变其境界说，对《新原人》的境界论也有了更进一步的理解。[2]

---

[1] 冯友兰的《四十年的回顾》中有"质疑与请教"一节，其中表示对《新原人》的"境界说"遭遇的批判"有些想不通的地方"。《三松堂全集》第十四卷，1066页。
[2] 这主要是指在《三松堂自序》中对《新原人》的"大全"的理解。

一　境界论的开始

《新原人》是冯先生"贞元六书"的第四种。他自己认为，此书虽写在《新事论》、《新世训》之后，但实为继《新理学》之作，"读者宜先观之"。这就是说，《新原人》一书虽然写于《新理学》、《新事论》、《新世训》之后，但其基本思想在《新理学》一书中已经开始提出。

早在《新理学》一书最后一章"圣人"中，冯先生分别了才人和圣人，才人是有文才学之人，圣人是有全德之人。他说：

> 上所说之心理状态，亦可以说是一种精神境界。才人之在此境界中者，仿佛觉已超过经验，超过其自己。在此境界中者，虽仍是其自己而已超过其自己；在此境界中，虽亦是一种经验，但已超过普通日常所有之经验。此种精神境界，在所谓圣域中有之。才人只于其创作之俄顷，能至此境界。才人虽能入圣域而不能常在圣域，虽有圣域中之一种境界，而不能有其全境界。能常在圣域，能有圣域之全境界者，是圣人。[1]

---

[1]　《冯友兰文集》第四卷，长春出版社，2008年，137页。

这里已经提出精神境界,特别提出了圣人的境界是"超过经验"、"超过自己"。才人在其创作领域只能偶尔达至这种境界,圣人则可常有、常住在此境界。

《新理学》也提出了从天的角度以观万物,而对事物得到一种了解:

> 知天则能从天之观点,以观万物。从天之观点,以观万物,则见各类事物,皆依照其理。各理皆是至善,依照各理者,皆是所谓"继之者善"。《中庸》说:"万物并育而不相害,道并行而不相悖,大德川流,小德敦化,此天地之所以为大也。"此正是从天之观点以观万物。以万物为相害者,皆是站在一事物之观点上说。如使人致病之微菌,站在人之观点,可以说是害人,但从天之观点看,则此种微菌,并非有意害人,亦只是欲遂其生而已。从天之观点以观事物,则对事物有一种同情底了解。[1]

在社会底生活中,人之行为之最社会底者,是道德底行为。我们对于道德底行为,可有两种看法:一是从对于社会之观点看,一是从对于天之观点看。从对于社会之观点看,则人之道德底行为,是尽其社会的一分子的责任;从对于天之观点看,则人之道德底行为,乃是尽

---

[1] 《冯友兰文集》第四卷,139页。

其宇宙的一分子的责任,即是尽人道。若从此观点看,则人之行道德底事,即是"事天"。张横渠《西铭》,即是从事天的观点,以看人之道德底行为。他以事亲之道,说事天。[1]

从天之观点,以观事物,则对于事物,有一种同情底了解。在此所谓超乎自己之境界中,对于事物之同情,亦继续扩大,以至宋明道学家所谓"万物一体"之境界。此境界宋明道学家名之曰仁。[2]

在超乎自己之境界者,觉其自己与大全,中间并无隔阂,亦无界限;其自己即是大全,大全即是其自己。此即所谓"浑然与物同体",此即是上文所说之大仁。[3]

这里所说的超乎自己,与大全同体的境界就是《新原人》所说的"天地境界"。可见在《新理学》中虽然没有提出"天地境界"的概念,但确实已经明确提出了这种境界。事实上,"天地境界"是冯先生境界说的最主要的特识和创新处。四种境界说主要的意义并不是提出功利境界、道德境界的分别,而是提出在道德境界之上还有"天地境界"。

应该说这也是和冯先生对道家的认识相联系的,因此,在

---

[1] 《冯友兰文集》第四卷,140页。
[2] 同上书,141页。
[3] 同上书,142页。

接下来的第五节"道家之浑沌"中,冯先生说:

> 对于一切不作分别,不作思议,不作言说,则一切底分别,对于我们即不存在。我们所觉者,只一浑然一体之大全。所谓"离形去智,同于大通"(《庄子·大宗师》),即说此境界。所谓玄同,所谓浑沌,俱是说此境界。能至此境界者,即所谓真人、至人。[1]

冯先生还指出:

> 道家之人,常自比于婴儿,婴儿亦是只能感而不能思者。此种见解,是错误底。道家修养所到底境界,与动物本来所有底境界,之大不同处,在于有自觉与无自觉。道家之至人,于觉浑然一体之大全时,自觉其觉浑然一体之大全。至于动物,虽处浑然一体之大全中,但并不觉之,或并不自觉其觉之。有自觉与无自觉之区别甚大。[2]
>
> 用道家之方法,我们亦可得一超过自己之境界。《庄子·天下》篇所说"与天地精神往来",即系描写此境界者。[3]

---

[1] 《冯友兰文集》第四卷,142页。
[2] 同上书,142—143页。
[3] 同上书,143页。

这里所说的道家修养所到的境界就是《新原人》所说的"天地境界"。这种境界观与冯先生自己所说的，从其早期《一种人生观》开始便努力"为神秘主义保留一个地盘"有关。对道家境界的了解是冯先生通向神秘主义和境界哲学的主要基础。

冯先生在其更早的《人生哲学》第二章浪漫派道家第七节万物一体中说，"若此则万物与我，皆混同而为一矣，混同二字用于此最妙，盖此等之'为一'乃由混而不为区别以得之者也。郭象所谓'与物冥'即是此意。至此境界，则可'乘天地之正，而御六气之辨，以游无穷矣'。此言毫无神秘主义，盖此乃顺万物之自然之结果也"。[1]1927年以后，冯先生不再认为万物一体非神秘主义，而认为万物一体即是神秘主义，他说："总之，宋明诸哲学家，皆以一种神秘主义底境界为最高境界。"[2]这个时期的《中国哲学的主要贡献》一文中也明确提出了"境界"的重要性。

后来他在《新原人》中说："下文第七章说到同天境界。在同天境界中底人，自同于大全。大全是不可思议底，亦不可为了解的对象。在同天境界中底人所有底经验，普通谓之神秘

---

[1] 《人生哲学》，《三松堂全集》第三版第一卷，中华书局，2014年，36页。
[2] 《中国哲学中之神秘主义》，载《三松堂学术文集》，北京大学出版社，1984年，58页。

经验。"[1]

应该说,正是冯先生对神秘主义境界的认识引导了他以神秘主义境界为基础而提出了四种境界说,并形成了他对哲学功能的根本理解。

关于境界说,他在解放后曾回忆:

> 在《人生理想之比较研究》序言中,我说,哲学的作用就是规定出来一个理想的人生,作为指导和批判实际人生的标准。因此哲学就是人生理想。我的这个对哲学的看法,以后并没有大变,但是提法稍有不同。以后我常说的是:哲学不能给人积极的知识,但是能提高人的境界。
>
> 《新理学》从"无极而太极"讲起,最后一章则讲"圣人",认为圣人之所以为圣人,不在他有很多的积极知识,而在于他有很高的精神境界。以后又有《新原人》专讲"境界",《新原道》又提出"极高明而道中庸",为《新原人》的"境界说"作历史的根据。总起来说,"境界说"是新理学的中心思想。[2]

《新原人》讲的境界是个人的精神境界,故可以说主要是讲心灵、精神的,而不是讲行为的,这在西方伦理学中是没有的。

---

[1] 《冯友兰文集》第五卷,长春出版社,2008年,7页。
[2] 《三松堂全集》第十四卷,河南人民出版社,2001年,1051页。

对心灵、境界的关注可以说是中国古代人生思想的特色，古代中国的三教中，佛教追求成佛即是一种觉悟的解脱境界，道家追求的也是一种自由的精神境界，宋明儒学所追求的成圣成贤也是一种精神境界，唐宋以来儒、释、道三教都是强调通过一定的功夫以达到某种精神境界。《新原人》的境界说以《新理学》为基础，体现了冯先生对中国哲学的一种新的体悟，与旧作《人生哲学》等书所说的境界已经不同。

那么，是不是《新原人》论人生和精神境界与西方伦理学完全无关呢？这又不然。《新原人》中对功利境界的叙述多与西方伦理学的功利主义有对照，如边沁、穆勒等。《新原人》论述道德境界更以康德的存心伦理学为标准。惟其自然境界和天地境界二章与西方伦理学无涉，天地境界属神秘主义，在西方文化中不属伦理学，而见于宗教学。至于自然境界，确与西方哲学的自然主义无关，乃与中国的道家哲学相关联。

二　意义和觉解

在《新原人》的一开始，冯先生提出意义的问题：

> 一件事的意义，则是对于对它有了解底人而后有底。如离开了对它有了解底人，一事即只有性质、可能等，而没有意义。我们可以说一事的意义，生于人对此事

底了解。人对于一事底了解不同，此事对于他们即有不同底意义。[1]

这是说，事物的性质是客观的，是事物客观地具有的，或者说存在于事物之中的。而意义是人对事物的了解，了解亦即认识，但这种认识不是指对事物的科学式认识，而是了解事物对于人的意义。事物也不只是静态存在的外物，也可以是人正在参与其中的事物。

冯先生紧接着提出觉解的问题：

> 解是了解，我们于上文已有详说。觉是自觉。人做某事，了解某事是怎样一回事，此是了解，此是解；他于做某事时，自觉其是做某事，此是自觉，此是觉。若问：人是怎样一种东西？我们可以说：人是有觉解底东西，或有较高程度底觉解底东西。若问：人生是怎样一回事？我们可以说，人生是有觉解底生活，或有较高程度底觉解底生活。这是人之所以异于禽兽，人生之所以异于别底动物的生活者。[2]

冯友兰区别了解和觉，解是了解，觉是自觉。解与觉合而称之

---

[1] 《冯友兰文集》第五卷，5页。
[2] 同上书，9页。

为觉解。了解是对意义的了解，觉则是一种意识状态，是主体对其做事的自觉状态。扩大来看，觉解也就是一种心的状态。如他说："人之所以能有觉解，因为人是有心底。人有心，人的心的要素，用中国哲学家向来用的话说，是'知觉灵明'。"〔1〕从自觉和灵明来看，觉解明显具有理性的内涵。

按冯先生的思想，严格地说，各种不同的境界就是层序不同的意识自觉状态。所以我们可以说，境界是指心言。这与古代佛教所说的境界的意义是不同的，古代华严宗所说的境界是指事相而言。觉解的思想是《新理学》中还没有提出来的。冯先生在《新原人》中把觉解作为境界说的基础。

> 凡可称为道德底行为，必同时亦是有觉解底行为。无觉解底行为，虽亦可合于道德律，但严格地说，并不是道德底行为。〔2〕
>
> 人之有君臣，是有觉解底行为。他于有此种行为时，他可以清楚地了解其行为是怎样一回事，而又可以清楚地自觉其是有此种行为。而蜂蚁的有"君臣"，则是无觉解底行为。无觉解底行为，不能是道德底。又例如蚂蚁打仗，每个蚂蚁皆各为其群，奋不顾身。在表面上看，与人所组织底军队，能为其国家打仗，奋不顾身者，似乎

---

〔1〕 《冯友兰文集》第五卷，14页。
〔2〕 同上书，18页。

没有什么分别。但人去打仗，是有觉解底行为。在枪林弹雨中，前进是极危险底，亦是人所觉解底。奋不顾身底兵士，其行为可以是道德底，此觉解是其是道德底一个必要条件。若蚂蚁打仗，虽奋不顾身，但其行为则只是本能底，无觉解底。所以严格地说，其行为并不是道德底。[1]

觉解是境界的唯一标尺，所谓境界就是判定觉解的性质和程度。这里所说的，行为合于道德而内心没有道德觉解，这样的行为便不可称为道德行为，在后面关于道德境界的讨论中作了详细的说明。就觉解与本能相对这一点来看，应该说觉解作为一种自觉，是理性的范畴，不是本能、直觉。

有些物不必有心，而凡物皆必有性。一类底物的性，即一类底物所以成此类底物，而以别于别底物者。所谓人性者，即人之所以为人，而以别于禽兽者。无心或觉解底物，虽皆有其性，但不自知之。人有觉解，不但能知别物之性，且于其知觉灵明充分发展时能自知其性，自知其所以为人而别于禽兽者。充分发展其心的知觉灵明是"尽心"。尽心则知性，孟子说："尽其心者，知其性也。知

---

[1]　《冯友兰文集》第五卷，18页。

其性则知天矣。"关于知天,我们于第七章中,另有详论,现只说,人知性则即可努力使此性完全实现,使此性完全实现,即是"尽性"。照上文所说,人所以特异于禽兽者,在其有较高底知觉灵明。有较高底知觉灵明是人的性。所以人的知觉灵明发展至知性的程度,即有上章所谓高一层底觉解。因为知性即是知觉灵明的自知,亦即是觉解的自觉解。人的知觉灵明愈发展,则其性即愈得实现,所以尽心,亦即是尽性。[1]

这里涉及性的概念。物的性便是其所以然,是这类物的本质规定性,也是这类物所以区别于其他类物的规定性。人性就是人之所以为人而区别于禽兽的规定性。物有性而不能自知其有性,当然也没有觉解。人有知觉灵明的心,所以自知其性;人能发展其知觉灵明便是"尽心",人能努力使其性完全实现便是"尽性"。人有知觉灵明即有觉解,人对知觉灵明的自知便是"知性"。知觉灵明使人有觉解,知性是对觉解的自知自觉。知性就是所谓高一层的觉解。不过,冯先生在这里似以为人有二性,一为自觉灵明,故说"有较高底知觉灵明是人的性",一为人之所以为人的性,以故他未区别人对知觉灵明的自知和对人之所以为人的自知,他把两者都看作知性。尽心、

---

[1] 《冯友兰文集》第五卷,19页。

知性、尽性的关系是，尽心是前提，尽了心便能知性，知性则能努力实现尽性。

> 人不但有觉解，而且能了解其觉解是怎样一回事，并且于觉解时，能自觉其觉解。例如我们现在讲觉解，即是了解觉解是怎样一回事；于讲觉解时，我们亦自觉我们的觉解。龟山讲知，朱子讲知，亦是觉解其觉解。这是高一层底觉解。高一层底觉解，并不是一般人皆有底。[1]
>
> 人求尽心尽性，需要发展他的心的知觉灵明。求发展他的心的知觉灵明，他须要求觉解，并求上章所说底高一层底觉解。于上章我们说，有觉解是明，无觉解是无明。但若只有觉解，而无高一层底觉解，则其明仍是在无明中，如人在梦中做梦。[2]

照此说法，觉解其觉解，是高一层的觉解，这不是一般人所能有的。冯先生为什么要提出觉解其觉解，达到高一层的觉解，《新原人》并没有给出说明。觉解其觉解应是对觉解的反思，是有关觉解的哲学理解。但冯先生这一时期尚未提出哲学是精神的反思。

---

[1] 《冯友兰文集》第五卷，12页。
[2] 同上书，20页。

> 有许多人说，人尽心尽性，可以得到一种境界，于其中人可以得到一种快乐。道学家亦常教人"寻孔颜乐处，所乐何事"。刘稀山作学乐歌，说："乐是乐此学，学是学此乐。不乐不是学，不学不是乐。"此所谓学，是学圣贤之学，乐是乐圣贤之乐。尽心尽性，可使人得到一种境界，此正是我们于下章所要说者。在此种境界中，人可有一种快乐，这也是我们所承认底。[1]

由于宋明理学中有寻孔颜乐处的思想，冯先生在其境界说中对此作了新理学的说明，他承认达到很高的境界可以给人带来一种快乐，但同时指出，以追求快乐为目的只是程度较低的境界，不是圣贤之学：

> 或可说：求孔颜乐处者，所求底快乐，与一般人所求底快乐，有性质底不同。有高等底快乐，有低等底快乐，此二者不可一般而论。于此我们说，关于快乐有性质上底不同之说，我们于第五章中，另有讨论。即令其果有性质上底不同，而所谓求快乐者，必是求"我的"快乐。以求"我的"快乐为目的者，无论其所求是何种高尚底快乐，其境界只是下章所谓功利境界。功利境界，并不是很高底

---

[1]《冯友兰文集》第五卷，23页。

境界，未到最高底境界者，不能是已尽心尽性。圣人并不是以求"我的"快乐为目的底。当然在他的境界中，他是自有一种很大底快乐。不过这一种快乐是在圣人境界中底人所不求而自至底。人到此种境界，则自有此种快乐。但若专以求此种快乐为目的，则永不能到此种境界。[1]

冯先生认为，境界是主观的状态，追求个人快乐的动机是属于功利境界，不管是追求何种高尚的快乐。而圣人境界带来的快乐不是圣人追求来的，而是不求自来的。可见，觉解不仅是理性，也包含人生的态度，如孔颜乐处的境界已经是比理性高一层的精神世界。

三　总论四种境界

在此基础上，冯先生提出了从低到高的四种境界，他说：

境界有高低。此所谓高低的分别，是以到某种境界所需要底人的觉解的多少为标准。其需要觉解多者，其境界高；其需要觉解少者，其境界低。自然境界，需要最少底觉解，所以自然境界是最低底境界。功利境界，高于自

---

[1]　《冯友兰文集》第五卷，23页。

然境界,而低于道德境界。道德境界,高于功利境界,而低于天地境界。天地境界,需要最多底觉解,所以天地境界,是最高底境界。至此种境界,人的觉解已发展至最高底程度。至此种程度人已尽其性。在此种境界中底人,谓之圣人。[1]

人的境界有高低不同,这是《新原人》最基本的观点。而境界的高低取决于觉解的多少,需要觉解多的境界高于需要觉解少的境界。于是冯先生依据觉解的多少,提出了四种境界说,这四种境界从低到高是:最低的是自然境界,比自然境界高的是功利境界,比功利境界高的是道德境界,最高的境界是天地境界。

四种境界中,第一是自然境界:

> 自然境界的特征是:在此种境界中底人,其行为是顺才或顺习底。此所谓顺才,其意义即是普通所谓率性。我们于上章说,我们称逻辑底性为性,称生物学上底性为才。普通所谓率性之性,正是说人的生物学上底性。所以我们不说率性,而说顺才。所谓顺习之习,可以是一个人的个人习惯,亦可以是一社会的习俗。在此境界中底人,

---

[1] 《冯友兰文集》第五卷,30页。

顺才而行,"行乎其所不得不行,止乎其所不得不止";亦或顺习而行,"照例行事"。无论其是顺才而行或顺习而行,他对于其所行底事的性质,并没有清楚底了解。此即是说,他所行底事,对于他没有清楚底意义。就此方面说,他的境界,似乎是一个浑沌。但他亦非对于任何事都无了解,亦非任何事对于他都没有清楚底意义。所以他的境界,亦只似乎是一个浑沌。[1]

顺才就是顺着本性,顺习就是顺着习惯。冯先生这里所讲还是有些矛盾的,一方面,他定义的自然境界应该是浑沌,什么都不清楚,什么都不了解;另一方面,他又说自然境界的人"亦非对于任何事都无了解,亦非任何事对于他都没有清楚底意义"。于是他又说:

有此种境界底人,并不限于在所谓原始社会中底人。即在现在最工业化底社会中,有此种境界底人,亦是很多底。他固然不是"日出而作,日入而息","凿井而饮,耕田而食",但他却亦是"不识不知,顺帝之则"。[2]

本来,从历史和逻辑统一的立场来看,最低的境界应该是原始

---

[1] 《冯友兰文集》第五卷,28页。
[2] 同上书,29页。

社会的人，但因为他又说自然境界的人"亦非对于任何事都无了解，亦非任何事对于他都没有清楚底意义"，于是他说自然境界的人并不限于在原始社会的人，在现在最工业化底社会中，有此种境界底人也是很多的。这样一来，他把原始社会的人与现代社会大多数人看成境界是一样的，都是自然境界，这个说法恐怕是有问题的，我们在后面再加以分析。

第二是功利境界：

> 功利境界的特征是：在此种境界中底人，其行为是"为利"底。所谓"为利"，是为他自己的利。凡动物的行为，都是为他自己的利底。不过大多数底动物的行为，虽是为他自己的利底，但都是出于本能的冲动，不是出于心灵的计划。在自然境界中底人，虽亦有为自己的利底行为，但他对于"自己"及"利"，并无清楚底觉解，他不自觉他有如此底行为，亦不了解他何以有如此底行为。在功利境界中底人，对于"自己"及"利"，有清楚底觉解。他了解他的行为，是怎样一回事。他自觉他有如此底行为。他的行为或是求增加他自己的财产，或是求发展他自己的事业，或是求增进他自己的荣誉。他于有此种种行为时，他了解这种行为是怎样一回事，并且自觉他是有此种行为。[1]

---

〔1〕《冯友兰文集》第五卷，29页。

在这个说法中，自然境界的人似乎与动物一样，是出于本能的冲动，而没有心灵的计划。功利境界是人自觉其对名利的追求，其实，人对名或利的追求没有全无自觉的。由于冯先生所说的功利境界是对自己的利益的追求，所以这个功利境界实际是"私利境界"。其实，在冯先生下面的界说中，功利境界不只是对私利的追求，同时也代表了一种对个人与社会关系的理解，即个人与社会是对立的，这属于个人主义的立场。其实，把个人和社会关系的理解置于功利境界，似没有必要，反而让人觉得支离了。价值与境界应有区别。

第三是道德境界：

> 道德境界的特征是：在此种境界中底人，其行为是"行义"底。义与利是相反亦是相成底。求自己的利底行为，是为利底行为；求社会的利底行为，是行义底行为。在此种境界中底人，对于人之性已有觉解。他了解人之性是涵蕴有社会底。社会的制度及其间道德底政治底规律，就一方面看，大概都是对于个人加以制裁底。在功利境界中底人，大都以为社会与个人是对立底。对于个人，社会是所谓"必要底恶"。人明知其是压迫个人底，但为保持其自己的生存，又不能不需要之。在道德境界中底人，知人必于所谓"全"中，始能依其性发展。社会与

个人,并不是对立底。离开社会而独立存在底个人,是有些哲学家的虚构悬想。人不但须在社会中,始能存在,并且须在社会中,始得完全。社会是一个全,个人是全的一部分。部分离开了全,即不成其为部分。社会的制度及其间底道德底政治底规律,并不是压迫个人底。这些都是人之所以为人之理中,应有之义。人必在社会的制度及政治底道德底规律中,始能使其所得于人之所以为人者,得到发展。[1]

可见冯先生所说的道德境界的特征有两点:一点是行为者主观地行义,自觉地行义,行义即践行道德价值,追求社会的利。另一点是行为者对个人和社会的关系能正确理解,知道部分不能离开全体,个人不能离开社会全体,个人必须在社会中发展完善。

第四是天地境界:

天地境界的特征是:在此种境界中底人,其行为是"事天"底。在此种境界中底人,了解于社会的全之外,还有宇宙的全,人必于知有宇宙的全时,始能使其所得于人之所以为人者尽量发展,始能尽性。在此种境界中底

---

[1] 《冯友兰文集》第五卷,29页。

人，有完全底高一层底觉解。此即是说，他已完全知性，因其已知天。他已知天，所以他知人不但是社会的全的一部分，而并且是宇宙的全的一部分。不但对于社会，人应有贡献；即对于宇宙，人亦应有贡献。[1]

天地境界的特征也有两点：一点是行为者主观地"事天"而行，从天即宇宙的角度看问题。另一点是在理解个人与社会全体的关系之基础上，还能理解个人和宇宙全体的关系。个人只有达到对宇宙的全体理解，才能真正达到知性尽性。

冯先生强调，行为和境界不同，境界不是以外在行为来划分的，而是以内在觉解来划分的：

> 此四种境界中，以功利境界与自然境界中间底分别，及其与道德境界中间底分别，最易看出。道德境界与天地境界中间底分别，及自然境界与道德境界及天地境界中间底分别，则不甚容易看出。因为不知有我，有时似乎是无我或大无我。无我有时亦似乎是大无我。自然境界与天地境界，又都似乎是浑沌。道德境界与天地境界中间底分别，道家看得很清楚。但天地境界与自然境界中间底分别，他们往往看不清楚。自然境界与道德境界中间底分

---

[1] 《冯友兰文集》第五卷，30页。

别,儒家看得比较清楚。但道德境界与天地境界中间底分别,他们往往看不清楚。[1]

用晚年冯先生的说法,自然境界是原始的混沌,天地境界是后得的混沌。但对儒家而言,儒家最高的境界是天人合一或万物一体,并不是混沌,对儒家尤其是理学家自己而言,道德境界与万物一体的境界的分别是清楚的。最后,冯先生提出,人的境界和他所做的事不是一回事,他说:"虽在天地境界中底人,其所做底事,亦是一般人日常所做底事。"又说:"在不同境界中底人,可以做相同底事,虽做相同底事,但相同底事,对于他们底意义,则可以大不相同。此诸不相同底意义,即构成他们的不相同底境界。"[2]这说明,人的境界的不同,并不能体现在行为上,不同境界的人所做的事可能是相同的。所以人之境界的不同,不是从行为去看,而是从其内心去看。这与现代伦理学关注行为不同。冯先生的境界说心、事两分,心、行两分,是以心为主,不是以事为主,是唯心论(这里说的唯心论与一般所说的唯心论不同),不是事功论。对于人的评价,不是看其所做的事,而是看其心的境界。这是《新原人》主题思想所决定的,而我们觉得,其体系若能趋向心事合一、心行合一,则能在哲学上更进一层。

---

[1] 《冯友兰文集》第五卷,34页。
[2] 同上书,35页。

四　对"自然境界"的反思

以下，我们对冯先生的四种境界依次提出一些思考，以图在冯先生境界说的基础上，使有关境界哲学的分析继续向前深入。先看自然境界，冯先生说：

> 我们于上章说，在自然境界中底人，其行为是顺才或顺习底。过原始生活底人，其行为多是如此底。小孩子及愚人，其行为亦多是如此底。所以小孩子及愚人的境界，亦多是自然境界。因为过原始生活底人、小孩子及愚人，其境界多是自然境界，所以说自然境界者，多举他们的境界为例。道家常说黄帝神农时候底人的情形，常说及赤子、婴儿、愚人等。于说这几种人底时候，他们所注意者，并不是这几种人，而是这几种人于普通情形下所有底境界。[1]

什么是自然境界？照这里所说，典型的自然境界是原始人、小孩子、愚人的境界。这样的境界应该是觉解最低的，最低到近于无：

---

[1]　《冯友兰文集》第五卷，37页。

上所说底几种人,"少知寡欲"、"不著不察",他们的境界有似乎浑沌。

先秦底道家所谓纯朴或素朴,有时是说原始社会中底人的生活,有时是说个人的有似乎浑沌底境界。他们要使人返朴还纯,抱素守朴。[1]

先秦底道家赞美浑沌。……他们赞美素朴,赞美在原始社会中底人、婴儿及愚人的生活。用我们的话说,他们赞美自然境界。[2]

这种最低的觉解,是少知、无知,不著、不察,素朴、浑沌。但另一方面,冯先生又用顺才、顺习来说明自然境界,应该说,这还是两个不同性质的意识状态。如果说,自然境界是觉解接近于无的愚人、小孩子的境界,那么,这样的境界实在不必提出来作为人生精神境界的一种,因为境界说是要提高普通人的精神境界,而冯先生所说的愚人、小孩的自然境界是低于普通人的境界,以此为最低境界只有逻辑的意义,没有现实意义。尤其是把这种愚人、小孩的境界称作自然境界,不甚恰当。自然就其直接意义应该就是普通人,"自然"的另一意义应该是道家推崇的自然的人生态度。冯先生的说法容易使人

---

[1] 《冯友兰文集》第五卷,38页。
[2] 同上。

把道家的自然的人生态度混同于愚人、小孩的境界,是不恰当的。因为道家的自然的人生态度已经是"超"自然了,即超越了人的直接现实境界。

> 在同天的境界中,其境界有似乎自然境界。道家于此点,或分不清楚。[1]
>
> 过原始生活底人、小孩子、愚人的境界,固多是自然境界,但有自然境界者,不一定都是这几种底人。在任何种社会中底人,任何年龄底人,任何程度底智力底人,如所谓智力测验所决定者,其境界都可是自然境界。例如美国的社会,是高度工业化底社会,然其中底人,但随从法律习惯,照例生活者,亦不在少数。他们照例纳税,照例上工厂,照例领工资,亦可以说是"不识天工,安知帝力"。他们并不是小孩子,亦不尽是智力低底人。他们生活在最近代化底环境中,而其境界还是自然境界。[2]

现代美国社会中的人多数是随从法律习惯、照例纳税的人,这些人的境界是不是就是最低的类似原始人、傻子、小孩的一种境界?应该不是。其实,原始人也会有求生存的意识。在历史上,即使是最闭塞的农村中生活的农民,也知道养家糊口,养

---

[1] 《冯友兰文集》第五卷,40页。
[2] 同上书,43页。

家糊口的意识就已经不是不知不觉的浑沌境界了,养家糊口是中国普通人最普遍的功利意识,可见功利意识也不都是否定性的。传统社会最普通的农民也有孝的观念,也会受到社会道德文化的影响,而不可能是不知不觉的浑沌生活。现代社会的人更是如此,现代社会的工人,不仅受社会文化的影响,还可能有阶级自觉。任何文化,都是超越自然状态的。所以,除了傻子和一岁以下的小孩子,没有不受社会文化影响的人,这样的人是不可能没有任何自觉的,他们的境界也就不可能是冯先生所说的自然境界。

孟子说:"由仁义行,非行仁义也。"行仁义当然亦是依照仁义行,不过不仅只是依照仁义行。于依照仁义行的时候,行者不但依照仁义行,而且对于仁义有了解,自觉其是依照仁义行。此是有觉解地依照仁义行。有觉解地依照仁义行谓之行仁义。若虽依照仁义行,而对于仁义并无了解,亦不自觉其是依照仁义行,则虽依照仁义行,而不能说是行仁义,只能说是由仁义行。没有人,其行为可以完全不合乎仁义。此即是说,凡人的行为,都必多少依照仁义。但有些人依照仁义行,只是顺才或顺习,所以只是由仁义行,而非行仁义。此所谓"民可使由之,不可使知之"。此亦即是说,一般人对于道德,多是由之而不知。就其由之而不知之说,其境界亦是自然境界。[1]

冯先生在这里把孟子的话解释反了,[2]其实孟子所说的"由仁义"与《论语》的"由之"不同,是主动自觉依据内在动力行仁义行,"行仁义"是无自觉地行仁义、合于仁义。但冯先生作的这一区分,即自觉依照和不自觉依照是不同的,这是完全可以成立的。但是不自觉依照道德规则,应该是指很多不自愿的依照道德规则,勉强自己做合于道德原则的行为,是有选择的行为,这样的人的境界也绝不是自然的境界。

即智力最高底人,其境界亦可以是自然境界。[3]

唐君毅《人生九境》中讲的境界是综合认知和道德、宗教境界,而冯先生则把智力活动的意识状态排除在外,只注重人生觉解,于是智力最高的人却被归属于最低的境界,这显然有其不合理处,其中必然有其问题。我们认为,智力最高的人的精神境界不可能是与愚人、小孩一样的最低境界。

我们于上文说:无论何人,其行为必多少合乎道德

---

[1] 《冯友兰文集》第五卷,43页。
[2] 熊十力当时在给冯先生的信中指出此点。
[3] 《冯友兰文集》第五卷,43页。

规律，但他可只是由之而不知。有些人，是所谓"生有至性"底。有许多人的传记、碑文、墓志等，说他们"孝友出于天性"，"孝友天成"。对于有些人，这些话固然只是恭维之词，但亦不能说事实上绝没有这一类底人。譬如韩非子所谓"自直之箭，自圜之木"，虽为数不多，但亦不能说是绝对没有底。这种人顺其所有底天然倾向而行，自然很合乎某道德规律，或竟超过某道德规律所规定底标准。虽是如此，但其人却未必了解某道德规律的意义，亦不自觉其行为很合乎某道德规律，或竟超过某道德规律。这种行为，我们称之为自发底合乎道德底行为。这种行为，就其本身说，是自然的产物。就有此等行为者在此方面底境界说，其境界是自然境界。[1]

禀性淳厚，自发地合乎道德规律，在冯先生的分类中，也属于自然境界，被看作最低的境界，与小孩子、愚人一般。这恐怕也是不合理的。其实，小孩、愚人智力虽不发达，自利意识却很直接，并不是行为都自发地合乎道德规则的。而秉性淳厚的人不用努力要求自己，行为便能自发合乎道德，就其不必用力修养而言固可说是自然，不用人为，但此种境界与小孩、愚人还是不同的。

---

[1] 《冯友兰文集》第五卷，44页。

道德底行为，及艺术、学问、事功等各方面的较大底成就，严格地说，都是精神的创造。艺术、学问、事功等方面的成就，其比较伟大者，都不是专凭作者的天资所能成功底。作者的境界，虽可以是自然境界，但其活动则不能只是自然的产物。作者但凭其兴趣以创作，于创作时，可以不自觉其天才，亦可以不自觉其创作的价值。他可以有许多伟大底创作，但他不自觉其创作是创作，更不自觉其是伟大。由此方面说，他的创作是顺才底。就其顺才而不觉说，其境界是自然境界。[1]

这也是说，自然境界的人可以在各方面得到较大的成就，如艺术，如学问，甚至如道德；反过来说，在艺术、学问等方面有大成就的人可能只是最低的境界，甚至道德行为有较大成就的人，其境界可能是自然境界；作者凭兴趣进行创作，便是自然境界，这种说法使得自然境界的意义变得很模糊。事实上，即使大多数伟大作品的作者在创作时都不自觉其伟大，难道他们的精神境界只是最低的境界如愚人、小孩的境界吗？冯先生还把所有无意于惊人成名的活动，都看作这种自然境界："有意于出语惊人以成名者，其境界是功利境界。随其兴趣，无意于

---

[1]　《冯友兰文集》第五卷，44—45页。

出语惊人者，其境界是自然境界。"[1] "无意于"的自然，可以是近于道家的态度，和愚人、小孩的自然并不是一个层次的意识状态，这也是需要加以分析的。

五 对"功利境界"的反思

> 我们于本章论功利境界。所以在本章中，我们专论人以求他自己的利或快乐为目的底行为。[2]

> 我们只说，大多数底人的行为，或普通人的大多数行为，都是以求他自己的利为目的底。人于有以求他自己的利为目的底行为时，其境界是功利境界。[3]

"境界"本来与"行为"不同，但冯先生常常不自觉地结合两者，这说明在他看来，境界的讨论不能完全与行为分离。

如上所述，我们认为，在人生哲学中提出小孩子、愚人的境界其实没有意义，境界应该就常人而言。因此，功利境界就是常人的境界，亦即是人的最低的境界。冯先生也承认，"大多数普通人的行为，都是为其自己的利底行为。大多数普通人

---

[1] 《冯友兰文集》第五卷，45页。
[2] 同上书，50页。
[3] 同上书，53页。

的境界都是功利境界"。[1]但功利境界有两种:一种是自利不害人,一种是自利而害人,前者有所自律,而后者毫无自律,后者无疑是比前者低的境界。这一点在冯先生的书中只提了英雄和奸雄之分,并没有在一般的意义上加以明确区分。

由于在西方伦理学中有所谓功利主义,所以冯先生在阐发功利境界时不时以西方的功利主义哲学为对照:

> 所以在功利境界中底人,都是"为我"底,都是"自私"底。
>
> 边沁以为,凡人的行为,无不以求快乐或避痛苦为目的。边沁说:"自然使人类为二最上威权所统治。此二威权即是快乐与苦痛。只此二威权,能指出人应做什么,决定人将做什么。"(边沁《道德立法原理导言》)避苦痛亦可说是求快乐。所以边沁可以更简单地说:人的行为的目的,都是求快乐。亦可以说,自然使人类为一惟一威权所统治,此惟一威权,即是快乐。[2]

冯先生在讨论功利境界时引用边沁的思想,显然是因为在西方伦理学中边沁是所谓功利主义的代表。然而,西方伦理学从近代到现代,其所谓功利主义并不是指为求个人私利的行为,而

---

[1] 《冯友兰文集》第五卷,49页。
[2] 同上书,49、50页。

是要求增加全体的幸福。不过功利主义自古希腊以来也包含了快乐主义，故冯先生界定功利境界是求其私利或求其快乐的境界。

西方近代伦理学功利主义的代表还有穆勒（又译密尔），所以冯先生也引用了穆勒的话，不过也是引用其论快乐的思想：

> 穆勒说：人若对于高等快乐及低等快乐均有经验，他一定愿为苏格拉底而死，不愿为一蠢猪而生。为苏格拉底而死的快乐与为一蠢猪而生的快乐，有性质上底不同。但照上文所说底，快乐是不能比较底。即令其可以比较，我们还可以问：一个人为什么愿为苏格拉底而死，不愿为一蠢猪而生？[1]

边沁已提出人的快乐有多种，如简单的快乐有十四种，简单的痛苦有十二种，还有复杂的快乐与痛苦。密尔则不再把快乐作为生活的目标，而提出内涵广泛的幸福作为基础。冯先生对西方功利主义伦理学只是为我所用，并没有按其原貌原意来定义其所说的功利境界，只是借用其中有用的东西如快乐主义作为辅助说明，所以他所说的功利境界与功利主义伦理学有所不

---

[1] 《冯友兰文集》第五卷，51页。

同，也不奇怪。

若人在宇宙间，只以对付过日子为满足，则在功利境界中底人，即可对付而有余。若世界上所有底人，其境界都不高过功利境界，人类仍可保持其存在，并仍可保持其对于别种生物底优越地位。人类可以是万物之灵，可以"夺取造化之机"，"役使万物"，如道教中人所希望者，如近代人所成就者。只须人人各真知其自己的利之所在，则虽人人都为其自己的利，而亦可以"并育而不相害"，"并行而不相悖"。不但如此，而且可以"分工合作"，互相辅助，以组织复杂底社会，以创造光辉底文化。[1]

所以只须各个人各真知其自己的利之所在，他们即可组织复杂底社会，创造光辉底文化。这种人的境界是功利境界。事实上大多数底人，都是功利境界中底人。我们的现在底社会，事实上大部分是这一种人组织底。我们的现在底文化，事实上大部分亦是这一种人创造底。[2]

如果人只有为己谋私利的功利境界既可以过日子，也可以保持人类的存在，保有人类对别种生物的优越性，也可以夺取造

---

[1] 《冯友兰文集》第五卷，53页。
[2] 同上书，55页。

化、分工合作，可以创造光辉的文化，那么从人类文化的角度来看，人为什么还要追求更高的境界？冯先生甚至认为，人类古往今来的文化大部分都是功利境界的人所创造的。（这涉及冯先生说的光辉的文化是什么。我想冯先生所说的应该是指希腊神话故事、雕塑、组织城邦这样的文化行为。人类的事业是不能止于此的，人类的精神追求也不可能止于此，必须有精神的文化、道德的文化。）显然仅仅从人类文化创造的方面是不能论证更高的精神境界的必要的。这也说明冯先生此书对提高境界的必要性没有提供充分的证明。

> 一切利他的行为，都可以作为一种利己的方法。古今中外，所有格言谚语，以及我们的《新世训》，虽都是"讲道德，说仁义"，但大都是以道德仁义作为一种为自己求利的方法。老子书中，有许多地方，都把合乎道德底行为，作为一种趋利避害的方法。如说："非以其无私耶，故能成其私。""夫惟不争，故天下莫能与之争。"无私不争，是合乎道德底行为，但老子都将其作为一种为自己求利的方法。[1]

> 快乐论者或功利论者的此种说法，若作为一种处世底教训看，亦有其用处，但作为一种道德哲学看，则说

---

[1] 《冯友兰文集》第五卷，55页。

不通。[1]

《新世训》、快乐论、功利主义,冯先生认为可以作为处世术,但这些处世术属于功利境界,不是道德境界。他们的行为可以合乎道德,但不是为道德而道德,他们的出发点是为了有利于个人。冯先生说,他们的行为是合乎道德的行为,但不是道德行为,也不是道德境界。这在道德境界部分还会讨论。我们所注意的是,冯先生的看法是,从功利境界的人来看,古人的道德教训和外人所见的利他行为都可以作为自己求利的手段,最直接的办法就是把这些作为处世的方法,比如把忠恕仁义作为处世的方法,而不是实现道德的方法。换言之,对功利境界的人而言,去行忠恕仁义的行为,在动机上是为了自己求利的目的,比如赢得世人的掌声。功利境界的人,其作出合乎道德的行为,不是为了道德本身,而是为了对自己有利:

> 在功利境界中底人,有合乎道德底行为,是将其作为求其自己的利的方法。但以为道德行为不过是如此,则即是对于道德,未有完全底了解。而照此种说法,以做道德底事者,其行为只是合乎道德底行为,而不是道德行为。其境界是功利境界,而不是道德境界。[2]

---

[1] 《冯友兰文集》第五卷,56页。
[2] 同上。

境界是就主观而言，既然这些合乎道德的行为，其动机是为自己求利，当然是功利境界。伦理学中康德一派认为，从功利境界出发的行为，即使合乎道德，也不能说是道德行为。但在这里有一个问题，"境界"是以心论，故完全以主观世界而论定，但"行为"不是主观的，为什么一切行为的性质要依照其主观动机而论定？这里为什么专取康德的立场？这一点冯先生此前并没有加以论证。

冯先生论功利境界，特别引人注目的是关于才人、英雄的论点。他说：

>立言底人，谓之才人。他们有很多底知识，或伟大底创作，但不常有很高底境界。立功底人，谓之英雄。他们有事业上很大底成就，但亦不常有很高底境界。英雄又与所谓奸雄不同。英雄与奸雄的境界，都是功利境界。在功利境界中底人，其行为可以不是不道德底，可以是合乎道德底，但不能是道德底。其行为可以不是不道德底，但亦可是不道德底。其以不道德底行为，达到其利己底目的，以成其利己底成就者，谓之奸雄。其以不是不道德底行为，以达到其利己底目的，以成其利己底成就者，谓之英雄。奸雄的行事，损人利己；英雄的行事，利己而不损人，或且有益于人。历史上底大英雄，其伟大底成就，大

部分都是利己而且有益于人底。就其有益于人说，其人其事，都值得后人的崇拜。但就其利己说，其成就不是出于道德底行为，其人的境界，是功利境界。[1]

才人是在文化创作方面有大成就的人，英雄是在事业建功方面有大成就的人，但这些成就属于"事"，而境界则论"心"，所以从《新原人》来看，文化创作和事业建功方面有大成就的人，他们的心的境界不一定是高的境界，因为境界的判定和事功无关，只看其主观的世界，不决定于其外在的行为和成就是否有益于人。然而冯先生所理解的英雄只是功利境界而有大成就的人，而排除了英雄可以包括既有成就又有很高境界的人，在这一点上他的分析还需要完善。所以他说"英雄与奸雄的境界，都是功利境界"，英雄的建功立业出于利己而不损人，奸雄的建功立业出于利己而损人。英雄与奸雄的动机都是利己，所以都是功利境界。在伦理学上说，英雄的行为是合道德的，奸雄的行为是不道德的（反道德的），但都表示道德的行为必须不是从利己出发，而从道德本身出发。

　　冯先生关于英雄与奸雄的区分，提示我们功利境界内部的重要分别，也就是我们前面提到的，功利境界有两种，一种是自利不害人，一种是自利而害人。这两种人其实有很大的差

---

[1]　《冯友兰文集》第五卷，56—57页。

别。自利不害人的人不见得是英雄,他们的行为可以完全合乎《新世训》的要求,成为被现代社会肯定的人,自利不害人而且有益于人的人,更为现代社会所推重;而自利害人的人及其行为,是真正为人们所不齿的人。把这两种人同归于一种功利境界,在实践上有所不妥,由此可见唯心的境界论的缺陷,即在综合论评人物方面的乏力。冯先生的分析支点在英雄与奸雄两个具体的类型,而没有把这种分别看作功利境界内部重要的类型分别。

> 无论哪一种底学问,只要能成为一种学问,无论哪一种艺术,只要能成为一种艺术,总是有益于人底。不过才人研究学问,或从事创作的目的,可以只是为求他自己的利。若其目的是如此,则他的境界是功利境界。[1]

才人也是如此,其动机虽为自己求利,但可在艺术、文学等领域有大成就,有益于人。而虽然才人可有文化上的大成就且有益于人,但他们的动机多是为了求其自己的利益,所以其境界还是功利境界。从这个角度看,才人与英雄是一类的。

冯先生之所以突出英雄和才人的问题,明显地与宋明理学论英雄事功的讨论有关联,南宋的朱熹和陈亮就此曾有一场著

---

[1] 《冯友兰文集》第五卷,57页。

名的辩论。冯先生说：

> 我们必须分别才人、英雄的境界与其所有底成就。此二者不可混而为一。一件文艺中底作品，一件政治上底成就，如其是伟大底，其伟大是各从其所依照底标准判定底，与其作者的境界的高低，不必相干。[1]
>
> 从前道学家，似以为才人、英雄的境界既低，则其成就亦必无足观，这也是他们的一种偏见。[2]
>
> 所以以为才人、英雄既能有伟大底成就，所以其所常有底境界，亦必是很高底，这亦是常人的一种偏见。才人、英雄所常有底境界，虽不是很高底，但他们的成就，可以是伟大底。他们的成就，事实上可以有利于社会，有利于人类。除此之外，他们的为人行事，亦往往表现一种美的价值，如作为自然中底一物看，亦往往是可赏玩赞美底。[3]
>
> 在此种境界中底人，其行为虽可有万不同，但其最后底目的，总是为他自己的利。他不一定是如杨朱者流，只消极地为我，他可以积极奋斗，他甚至可牺牲他自己，但其最后底目的，还是为他自己的利。他的行为，事实上

---

[1] 《冯友兰文集》第五卷，57页。
[2] 同上书，58页。
[3] 同上书，59页。

亦可是与他人有利，且可有大利底。如秦皇汉武所做底事业，有许多可以说是功在天下，利在万世。但他们所以做这些事业，是为他们自己的利底。所以他们虽都是盖世英雄，但其境界是功利境界。[1]

对于历史人物或现实人物，个人的精神境界不应是人物评价的唯一尺度，甚至不应是主要的尺度。冯先生所讲的，正如陈傅良总结朱熹的观点，是"功到成处不必有德"，这是对的。但问题是对重要历史人物，道德境界的评价不能成为唯一的尺度，而要综合看其对人类文化和历史的贡献。可见《新原人》的境界说是不能作为人物评价的综合体系的。当然，《新原人》的境界说本来也不是针对人物评价而立的，但是因为冯先生论述中常常提到历史人物如秦皇汉武等，就会使人觉得其境界说在评价历史人物上角度太狭窄，不能对历史人物作出合理的综合评价。

此外，冯先生指出英雄才人与圣贤的不同：

> 而英雄才人与圣贤，则绝不是一类的人。英雄与才人都是功利境界中底人，而圣贤则是天地境界或道德境界中底人。这并不是说，圣贤不能有如英雄所有底丰功伟烈，

---

[1]《冯友兰文集》第五卷，29页。

不能有如才人所有底巨著高文。圣贤亦可以有如才人、英雄所有的成就，但才人、英雄不能有如圣贤所有底境界。[1]

英雄、才人是功利境界中的人，贤人是道德境界中的人，圣人是天地境界中的人，冯先生虽然没有这样细分，但其逻辑应该是如此。英雄的概念本身就包含了成就事功的意义，而圣贤的概念则不涉及成就，而只是最高境界的人格。圣贤的概念虽不涉及成就，但圣贤可以有很高的成就，如英雄与才人的成就一样。

冯先生还认为，英雄和才人可以是自然境界的人：

> 有此种境界底人，亦不限于只能做价值甚低底事底人。在学问艺术方面，能创作底人，在道德事功方面，能做"惊天地，泣鬼神"底事底人，往往亦是"行乎其所不得不行，止乎其所不得不止"，"莫知其然而然"。此等人的境界，亦是自然境界。[2]
>
> 不过才人、英雄的为人行事的此方面，多是"天机玄发"，不自觉其然而然。例如项羽不肯回王江东，不过因其不堪"父老怜而王我"，并非有意藉此表示其倔强。由此方面说，才人、英雄于有此等行为时的境界，是自

---

[1] 《冯友兰文集》第五卷，57页。
[2] 同上书，29页。

然境界。其可赏玩赞美，亦是"为他底"，而不是"为自底"。[1]

自然境界是最低的境界，由于冯友兰把心和行，把境界和行为完全分离甚至分裂，于是在他的《新原人》中，就出现了一般人看来的不合理之处，即在学问、事功、道德、艺术方面做出惊天动地事业的人，即其所谓才人和英雄，却可以只是最低境界的人。这说明其理论必有其局限之处。其中包含的问题与朱熹、陈亮间的辩论有一致的地方。

六 对"道德境界"的反思

人与人的社会底关系，谓之人伦。旧说，君臣、父子、夫妇、兄弟、朋友，谓之五伦。这亦是人伦。不过我们于此所谓人伦，则不必指此。五伦是以家为本位底社会中底人伦，我们于此所谓人伦，则是指任何种类底社会中底人伦。[2]

其所应做底不同底事，即是其职。[3]

尽伦尽职的行为，是道德底行为。凡道德底行为，都

---

[1] 《冯友兰文集》第五卷，59页。
[2] 同上书，63页。
[3] 同上书，64页。

必与尽伦和尽职有关。[1]

伦是伦理关系，尽伦是完成伦理义务，伦理与道德有别，伦理是客观的，道德是主观的，所以，按冯先生对道德的认识，不能抽象地说尽伦尽职就是道德行为，因为尽伦尽职也可能只是合乎道德的行为。只有主观上为求尽伦尽职的行为才是道德行为。

> 在功利境界中底人，其行为是为利底；在道德境界中底人，其行为是行义底。为利者其行为是求其自己的利。行义者，其行为遵照"应该"以行，而不顾其行为所可能引起底对于其自己的利害。[2]

这里用"义"的动机和"利"的动机来区别道德的行为和非道德的行为，道德境界和功利境界。这里的利益动机应是指个人利欲的动机。其实，照冯先生在前面所说，"利"也可以是社会之利，求社会的利便是义。则求社会的利是否属于"应当"，这是应该加以分析的。

> 例如有两个军人，都去冲锋陷阵。其一冲锋陷阵，

---

[1] 《冯友兰文集》第五卷，64页。
[2] 同上。

为底是想得到上面的奖赏,或同伴的称誉。其一则以为,这是尽军人的职,此外别无所为。这两个军人的行为,表面上是相同的,但其里面则有很大底不同。前一人的行为,一般人或亦认为是道德行为。但一般人亦以为,后一人的行为,其道德的价值,比前一人的行为更高。为什么更高?岂不是因为无所为而为底行为,是更合于道德的理吗?如无所为而为底行为,是更合于道德的理,则有所为而为底行为,简直是不合于道德的理。所以有所为而为底行为,虽可以是合乎道德底,但并不是道德底行为。[1]

这里所说的有所为,都是指个人利欲的动机。强调无所为而为,是宋代以来理学道德论的传统,宋明理学的"无所为而为"指的是行为没有任何个人功利的动机。

又有些人以为,凡反对快乐论者,必不重视快乐。或以为,凡重视快乐者,必是快乐论者。或以为,凡注重义者,必是不注重任何利者,凡注重任何利者,必是不注重义者。这些以为,都是错误底。这些人都有一种思想上底混乱。哈体门在其伦理学中,分别意向所向底好,及意向的好。例如人以酒食享其父母,其行为是孝。在此等行

---

[1] 《冯友兰文集》第五卷,64—65页。

为中，酒食是意向所向底好，孝是意向的好。酒食并不是孝，但在此等行为中，孝藉此可以表现。又如教人以孝，其行为是忠。在此等行为中，孝是意向所向底好，忠是意向的好。孝并不是忠，但在此等行为中，忠藉此可以表现。若如此分别，则求他人的利，其行为是义。在此等行为中，他人的利是意向所向底好，义是意向的好。此两种好，不在一层次之内。[1]

不过梁惠王讲利，是讲如何使其自己得利。他问："何以利吾国？"其国就是他自己。孟子讲利，是讲如何使人民得利。其所讲底利，是所谓意向所向底好，而不是意向的好，其意向的好是仁义。所以讲如何使人民得利，不是讲利，而是行仁义。[2]

根据哈体门，"意向"和"意向所向"是不同的，"意向"是主观的动机，"意向所向"是意向借以表达的外在形式，因此，善也可以分为意向的善和意向所向的善，意向的善是主观的动机，意向所向的善是意向的善藉以表现的行为形式。义是道德，是一种对道德的了解，所以义是意向，是境界。照冯先生前面所说，求他人的利即是义，这是就心而言，但似不能说求他人的利的行为是义，因为行为可以是"合乎"义的。在

---

[1] 《冯友兰文集》第五卷，66页。
[2] 同上。

这里，冯先生肯定他人的利是"意向所向的好"。但意向是境界，意向所向却不是主观世界，便不是境界。义的意向，才是境界；求他人的利的行为是行为，不是境界。冯先生说求他人的利的行为是义，这是逻辑上不一致的。

若有此等行为者之所以有此等行为，乃纯是其与别人痛痒相关的情感使然，他的境界，即是自然境界。他的此等行为，虽是合乎道德底，但并不是真正的道德底。若有此等行为者，确有见于此等行为的道德价值，此等行为的意向的好，为实现此价值，此意向的好，而有此等行为，他的行为，即是道德行为，他的境界，即是道德境界。他于实现此价值，此意向的好时，他心中若不兼有与别人痛痒相关的情感，而只因为"应该"如此行，所以如此行，则其行为，即是义底行为。若其兼有与别人痛痒相关的情感，则其行为，即是仁底行为。仁底行为有似乎上所说底在自然境界中底人的行为，但实不同，因其亦是在觉解中实现道德价值底行为也。在西洋哲学史中，关于在自然境界中底人的合乎道德底行为，与在道德境界中底人的道德行为的不同，康德分别甚清。但康德所说道德行为，只是义底行为，而不是仁底行为。道德行为又可分为义底行为与仁底行为二种,康德似尚未见及。[1]

与古典儒学不同,古典儒学认为与别人痛痒相关的情感是仁的情感的发端,所发的行为是仁的行为。而冯先生认为这种境界不是道德境界,是自然境界。这种说法把古典儒学肯定的仁之端看作最低的如愚人、小孩的境界,这是我们不能赞成的,这只能说冯先生受康德的影响太大。冯先生还认为,只有从道德的认识出发,加上与人痛痒相关的情感因素,所发的行为才是道德行为,其境界才是仁的道德境界。没有这种情感的因素,只从道德的认识出发,是一般的道德境界。这种突出仁,指出康德见义不见仁的看法,才是很值得重视的看法。但是这里对道德境界与道德行为的关系并没有清楚说明,按冯先生的逻辑,应该是道德行为是跟着道德境界来的,有仁的道德境界,即有仁的道德行为,有义的道德境界,始有义的道德行为,而不应直接就道德行为来讲。此外,冯先生的道德境界没有讲明良知的意义,以及行为出于良心属于什么境界。

严格地说,只有对于道德价值有觉解底,行道德底事底行为,始是道德行为。因此有道德行为者的境界,必不是自然境界。艺术作品是艺术活动的结果,其结果有艺术

---

[1] 《冯友兰文集》第五卷,68页。

价值，但艺术活动的本身，则不必有艺术价值。道德行为的道德价值，则即在其行为本身。其行为本身若不是为道德而行底行为，则其行为只可以是合乎道德底，而不能是道德底。一个人可以凭其兴趣，或天然底倾向，而有艺术底活动，但严格地说，一个人不能凭其兴趣，或天然底倾向，而有道德底行为。此种行为，可以是合乎道德底，而不能是道德底，有此种行为底人，是由道德行，而不是行道德。[1]

"道德价值在其行为本身"这一说法是不合其体系的，严格地说，按冯先生的思想体系，行为本身并不能区分道德不道德，只能从内心的动机区分道德和不道德。所以，道德行为的价值不在行为本身，而在其动机如何。冯先生的重视动机的观点是康德式的观点：

> 康德在此点有与我们相同底见解。他以为真正道德底行为，必是服从理性的命令底行为。若是出于天然底倾向，而不得不然者，则其行为虽可以是不错底，但只可称之为合法底行为，而不能称之为道德底行为。例如一人见孺子将入于井，而有自发底恻隐之心，随顺此感，而去救

---

[1] 《冯友兰文集》第五卷，45页。

之。另有一人,则因有仇于孺子之父母,坐视不救。从二人的行为的外表看,前一人的行为是不错底,后一人的行为是错底。但就二人的行为的动机说,后一人的动机固是不道德底,但前一人的动机,亦不是道德底。所以前一人的行为,虽是不错底,但只能说是合法底,而不能说是道德底。上文所说自发底合乎道德底行为,都不是自觉地服从理性的命令行为,所以其行为,虽很合乎某道德规律,但不能说是道德底行为。用康德的话说,其行为只是合法底。用我们的话说,其行为只是合乎道德底。[1]

这就是康德的形式主义看法,与儒学不同。人见孺子将入于井,而发恻隐之心,而去救之,对此传统儒学是完全肯定的。而照康德与冯先生的说法,则这不是道德行为,也不是道德境界,而是自然境界,比功利境界还低。可见,冯先生理解的道德境界与康德一致,但与传统儒学不同。

  或可说,这一种说法,似乎是太形式主义底。我们若予道德底行为下一定义,以为必须对于道德价值有觉解,为道德而行底行为,方是道德行为;则自发底合乎道德底行为,当然不能说是道德行为。[2]

---

[1] 《冯友兰文集》第五卷,45—46页。
[2] 同上书,46页。

于此我们说，普通行道德底事底人，其境界不一定即是道德境界。他行道德底事，可以是由于天资或习惯。如其是如此，则其境界即是自然境界。他行道德底事，亦可以是由于希望得到名利恭敬。如其是如此，则他的境界，即是功利境界，必须对于道德真有了解底人，根据其了解以行道德，其境界方是道德境界。这种了解，必须是尽心知性底人，始能有底。我们不可因为三家村的愚夫愚妇，亦能行道德底事，遂以为道德境界是不需要很大底觉解，即可以得到底。愚夫愚妇，虽可以行道德底事，但其境界，则不必是道德境界。[1]

他认为，道德境界要很大的觉解，但道德行为不需要很大的觉解。能行道德之事，不必是道德境界。但冯先生过于夸大道德境界与道德行为的距离，也会导致不小的流弊，即轻视道德行为。另一方面，人有恻隐之心，是其人性的表现，是其德性的表现，不是人的最低境界；而遮蔽了人性的私欲动机，不能说比人性不受遮蔽的表现境界更高。可见，冯先生当时在这方面受康德形式主义伦理的影响是很大的。此外，三家村的愚夫愚妇能行道德行为，其内心若无私意，用孟子的话说，是其本心未曾受到污染，应当高于功利动机的境界，不宜将之视为低于

---

[1] 《冯友兰文集》第五卷，32页。

私利的境界。

七 对"天地境界"的反思

> 神秘经验有似于纯粹经验。道家常以此二者相混,但实大不相同。神秘经验是不可了解底,其不可了解是超过了解;纯粹经验是无了解底,其无了解是不及了解。[1]

人如何才能从天的角度看问题?冯先生强调要以知天为本,知天就是在哲学上掌握宇宙、大全、道体的概念,有了知天,然后可以事天、乐天,达到同天的境界。同天的境界就是天地境界。

> 宗教使人信,哲学使人知。上所说宇宙或大全之理及理世界,以及道体等观念,都是哲学底观念。人有这些哲学底观念,他即可以知天。知天然后可以事天,乐天,最后至于同天。此所谓天者,即宇宙或大全之义。[2]

宗教是信天,哲学是知天,宗教的信天也能达到超道德的境界,但《新原人》强调的是从哲学的知天来达到超道德的境

---

[1] 《冯友兰文集》第五卷,7页。
[2] 同上书,77页。

界,这种超道德的境界,冯先生称之为天地境界。

> 天民在社会中居一某位,此位对于他亦即是天位。他于社会中,居一某伦,此伦对于他亦即是天伦。他于居某位某伦时所应做底事,亦即是一般人于居某位某伦时所应做底事。不过他的作为,对于他都有事天的意义。所以一般人做其在社会中所应做底事,至多只是尽人职、尽人伦。而天民做其在社会中所应做底事,虽同是那些事,虽亦是尽人职、尽人伦,而却又是尽天职、尽天伦。[1]
>
> 能知天者,不但他所行底事对于他另有新意义,即他所见底事物,对于他亦另有意义。[2]

不同的人可以做相同的事,但各人对这一件事的理解不同,即此事对各人的意义不同,从而各人的境界即不同。冯先生的境界说是从心上立论,故其说法能自圆其说。冯先生特别强调人的做事对社会的意义和人的做事对宇宙的意义即对天的意义,仅有对社会意义的觉解是尽人伦,而有对宇宙意义的觉解是尽天伦。

> 于事物中见此等意义者,有一种乐。有此种乐,谓之

---

[1] 《冯友兰文集》第五卷,78页。
[2] 同上书,79页。

乐天。[1]

在天地境界中底人的最高底造诣是，不但觉解其是大全的一部分，而并且自同于大全。如庄子说："天地者，万物之所一也。得其所一而同焉，则死生终始，将如昼夜，而莫之能滑，而况得丧祸福之所介乎？"得其所一而同焉，即自同于大全也。一个人自同于大全，则"我"与"非我"的分别，对于他即不存在。道家说："与物冥。"冥者，冥"我"与万物间底分别也。儒家说："万物皆备于我。"大全是万物全体，"我"自同于大全，故"万物皆备于我"。此等境界，我们谓之为同天。此等境界，是在功利境界中底人的事功所不能达，在道德境界中底人的尽伦尽职所不能得底。得到此等境界者，不但是与天地参，而且是与天地一。得到此等境界，是天地境界中底人的最高底造诣。亦可说，人惟得到此境界，方是真得到天地境界。知天、事天、乐天等，不过是得到此等境界的一种预备。[2]

冯先生对天地境界的定义是自同于大全，所以也称之为同天境界。自同于大全，也就是与大全为一，与天为一，与共相合二为一，这是一种精神境界。

---

[1]　《冯友兰文集》第五卷，80页。
[2]　同上书，80—81页。

知有大全，则似乎如在大全之外，只见大全，而不见其中底部分。知大全不可思，则知其自己亦在大全中。知其自己亦在大全中，而又只见大全，不见其中底部分，则可自觉其自同于大全。自同于大全，不是物质上底一种变化，而是精神上底一种境界。所以自同于大全者，其肉体虽只是大全的一部分，其心虽亦只是大全的一部分，但在精神上他可自同于大全。[1]

《新原人》所说的天地境界无疑的是以神秘主义为其原型的，"天地境界"的定义与"神秘主义"的定义对冯友兰是完全一致的。正惟如此，他明确肯定：同天的境界，本是所谓神秘主义底。[2]

"天地境界"的主要特征是"自同于大全"，而"大全是不可说底，亦是不可思议、不可了解底"，自同于大全者的境界是超越了一切分别的、混沌的境界。由于天地境界中的人自同于大全，我与非我的分别已不存在，所以他感觉到"万物皆备于我"。天地境界包括四个阶段：知天、事天、乐天、同天。人如果自觉了解到自己不仅是社会的一部分，而且是宇宙即大全的一部分，这就是知天；知天的人对他的所作所为，自

---

[1] 《冯友兰文集》第五卷，81页。
[2] 同上书，82页。

觉地看作对宇宙所尽的义务，这就是事天；事天的人在其行为和事物中获得了一种超道德的意义，从而产生一种乐，如古人所说的孔颜乐处，有这种乐，叫作乐天。天地境界的最高阶段是同天。

由于冯友兰在《新原人》的境界说中并没有把佛教的精神境界包含其中，由此而受到熊十力的质疑。《新原人》出版后不久，熊十力有书来，对冯先生的境界说有所商榷，冯友兰答熊十力书：

> 先生所说"无相之境"，相当于《新原人》所说同天境界，……先生说无相，《新原人》亦说"在同天境界中底人是有知而又是无知底"。先生说真宰，《新原人》亦说"在天地境界中底人，是无我而又有我底"、"在天地境界中底人自觉他的'我'是宇宙的主宰"。先生说"不舍事而未尝有取"，《新原人》亦说，在天地境界中底人"是有为而无为底"。先生若就此诸节观之，或可见吾二人条流之合，于此亦甚多也。[1]

熊十力所说的"无相之境"和"不舍事而未尝有取"，取自佛教，其实与新儒家程明道、王阳明所说的"物来而顺应""情

---

[1] 《答熊十力》，《三松堂全集》第十四卷，623页。

顺万物而无情""不要着一分意思"也是一致的,而冯友兰在《新原人》中确实没有涉及这一点。这显示出,冯先生的境界说,还没有完全包容佛教的境界思想。

不仅没有包容佛家的境界,冯先生的系统中,道家的精神境界也没有完全包容其中。冯先生只是以同天的境界来包容道家境界的所谓神秘主义的一面,但对道家所讲的"自然"境界却没有表达出来。冯先生的自然境界与道家的崇尚自然的人生态度是不同的。而道家自然的境界在宋明理学中也被吸收,最明显的就是陈白沙。这种超功利的"自然境界"与冯先生所说的最低如愚人、小孩的境界是根本不同的,是比较高级的人生境界。

八 境界伦理学的完善

黑格尔指出,道德是涉及心灵的,有关个人良心、动机、目的、意图等内在意识,是意识的主观世界,是内在性和主观性的世界,他说"在道德中,意志返回到它自己的主观性",意志是内在状态,家庭、国家、社会是客观制度。道德如果客观化、现实化,就成为社会伦理。但是黑格尔未能指出,道德涉及的是意识的主观世界,但道德意识是主观世界的一部分,意识的主观世界要远大于道德意识,而包含非道德、超道德等各种意识,冯先生的境界说正是面对这一包含各种不同层次的意识世界。

境界是主观的,那么人们怎么认知、评断某一个人的精神境界呢?其实也并不难。言为心声,行为心形,对于一个人的精神境界,人们通过观察其言辞行为,是可以观察到其内心的,而且这种了解可以达成共识,表明其具有客观性。所以,一个人的精神境界到达哪种层次,并不是他个人独知自知的,而是别人可知可了解的,尽管深藏不露的例外是有的。

《新世训》可以说是一种德行伦理学,但它偏重在非道德的德行,而《新原人》则把非道德的德行降低为功利境界。《新原人》承认非道德的动机可以作出合乎道德的行为,但因《新原人》的基点是作为主观世界的精神境界,评价系统的基点发生了变化,对于非道德的动机的评价结论便不同了。《新原人》不是德行伦理学类型,而可以说是境界伦理学类型。

为什么冯先生倡导境界论,而不是注重德性论呢?这不能不说是由于他在早期受到道家思想的影响而在相当程度上成了他的哲学思维的路径依赖。因为先秦儒家重德性论,而道家重境界论,冯先生在20年代受道家影响较大。他后来提出的自然境界、天地境界都和他20年代开始的对道家的理解有直接关联。不过,如果我们考虑1950年代强调革命觉悟的时代,相比而言,境界似比德性更适合说明这个时代人民精神的变化,虽然冯友兰的境界说与冯契的德性说都远不及觉悟说普遍而有力。

与《新世训》相比,《新原人》可以说与之大不相同。广义地看,二书都属于伦理学范围的著作,前者讲人生方法,后者讲人生境界。主要的区别是,《新世训》是讲"行"的,而《新原人》是讲"心"的。近代西方伦理学关注在道德行为、道德品行,而《新世训》的关注在非道德的德行,《新原人》则关注在超道德的境界,这些都与西方伦理学主流不同。境界是中国古代伦理学关注之点,近代西方哲学伦理学的精神要求已经降低,自然也就不重视而且放弃了追求崇高的精神境界,最多重提德性而已。

其实,不仅西方伦理学没有把精神境界作为一个重要问题关注,近代以来的中国伦理学史著作,受西方的影响,也未能突出此点。如张岱年先生的《中国伦理思想研究》中讲了人性论、修养学说,但没有涉及境界论。晚近中国哲学的研究关注了功夫论,但也没有突出境界论,其实如我早在《有无之境》中已经明确指出的,在宋明理学中基本的问题是本体论—功夫论—境界论,三者一体不可分割。当然,宋明理学所讲的本体是心性本体,与一般所说的本体论的本体有所不同。

古代儒家哲学,除了孟子,先秦汉代的儒学的道德论主要是德行论,并不突出心的概念,宋明理学才突出心的概念。先秦道家已经很注重心的概念,并影响到荀子虚一而静的思想。但秦汉的儒学主流仍是德行论,不是心德论。西方伦理学当然始终不把心的问题作为重要的伦理学问题,而始终围绕道德行为来展开。

如果把道德境界作为核心,可以说《新原人》在以道德境界为中心的同时,一方面关注在道德境界之下的自然境界、功利境界,以求把自然境界、功利境界提高为觉解更高的道德境界;另一方面关注在道德境界之上还有更高的觉解阶段,即天地境界。在这个意义上,《新原人》提出了一种境界伦理学。在冯先生看来,古代道家和儒家都以自己的方式上达至天地境界,而与古代儒家、道家不同的是,冯先生的新理学主张天地境界的达到要以哲学理性为基础、为方法,而不是以精神修养为方法。

境界说的提出,主要是要解决什么问题?是解决对人物的评价,还是提出一种精神提升的目标?如果说境界论只是对人物的一种评价体系,应该说其标准过于单一,不能评断历史人物的总体及其贡献,这是我们在读《新原人》时常常感觉到不满的。所以,《新原人》应明确申明其体系并不针对人物评价,亦不承担历史人物评价的功能,以免除读者的疑惑。但作为人生哲学,指引人生境界,致力精神的发展,则境界说的确有重要意义。应该说,境界论的提出不是为了建立人物评价的基点,而是致力于提升人的精神境界。

事实上,中国文化中对人物的评价不总是历史评价,也不总是行为评价,在现实生活中多直指人心。如说"这个人太功利","这个人太自我","这个人不怎么样","这个人太假"、"这个人一心往上爬",这些说法表示"这个人"缺乏优秀的德性,也表明"这个人"达不到君子的人格境界。这是中国文化在现实生活中常见的评价语言。

不过应当指出,这样的人并不一定犯道德错误,或做出不道德的行为。这表明在中国文化中,对人的评价中,对人心、对人格境界很为看重,人们对人格的评价不是只看他的行为,而是看他的人心。说"这个人太假",是说缺乏真诚的德性,德性是分而言之。说"这个人不怎么样",是说人格境界不高,境界是总而言之,境界适合于对人心的总体评价。可见,境界论与德性伦理确有接近之处,但又有所区别。

当然,当一个人把功利的追求当作根本追求时,这样的人虽然精神境界不高,但并不一定在生活中就犯道德错误,并不一定在生活中就做不道德的行为。只是说,这样的人较境界高的人容易犯道德错误,特别在关键时刻,这应该是可以说的。而在实际生活中,我们看到的是,有些人虽然精神境界不高,但并不就会犯道德错误。

可以说,这样的人在现代社会已经成为常态人,这些人的境界甚至被合理化为韦伯所说的"资本主义精神"。这可能是古典人格和现代人格的根本分别,贵族人格和平民人格的根本分别。那么,对现代人来说,在合法性行为之外,我们还能期待更高的精神境界吗?也就是说,在合法性行为之外,我们还能提出道德境界和超道德境界吗?这个时代,道德境界的君子已经十分难得,超道德境界还有意义吗?《新世训》只要求人行为"合于"道德规则,《新原人》则要求人行为"出于"道德原则,更提示人可以达到更高的境界即天地境界亦即"超乎"道德境界的境界,这在今天还有没有意义?

应该说,道德境界和超道德境界的意义是必须肯定的,这就是,对功利境界与合法性行为以上的精神境界的追求,是人性的内在要求,是精神的内在要求,人在内心是不满足于合法性行为的功利境界的,人对人格境界的内在要求高于现代社会的常态人,这是人类几千年生活所积累的对人的自身发展的追求和理想。人对事业卓越的追求与人对精神超越的追求没有任何冲突。一个作家要求自己写出最好的小说,这不是功利,不是私欲,是对人生繁荣发展的合理追求。

伯纳德·威廉姆斯说:"我们最深的伦理信念往往更像古希腊的伦理思想,而不那么像后启蒙运动的道德系统","近代伦理学和现代道德哲学已经把古代伦理学的'我应该如何生活'转变为'人要服从什么道德规则'的问题。"[1]可以说,冯先生的《新原人》及其境界思想,更像古代伦理学的思想,因为现代道德哲学已经把人生意义、人生境界的问题抛诸脑后,完全为"资本主义"精神所局限了。我认为,境界伦理学在当代社会仍有重要的意义,值得进一步发展。

---

[1] 伯纳德·威廉姆斯:《道德运气》,上海译文出版社,2007年,10、15页。

境界伦理学是冯友兰先生奠定的,而作为伦理学的一种形态,境界伦理学应该进一步完善或多样化,应该有更多的学者对境界伦理学进行研究。这里,我想结合当代生活实际,简要提出对冯先生境界说一些改良和修正的想法。在继承冯先生把精神境界作为人生境界的前提下,第一,取消冯先生所谓的"自然境界",而以大多数普通人的功利境界为最低层的境界,其中又可分为几层,即利己害人、利己心强而不害人,以及有利己心而不强。在现代社会中,要对一般的合理利己境界加以宽容,有所肯定。第二,以无功利境界为第二层次的境界,亦可分为几层,儒家的道德境界、道家的自然境界和佛教的无相境界,以对治功利境界,改造人生的精神境界。第三,以终极关怀境界为第三层境界,其中又可分为几层,社会理想境界、万物一体的境界、东西方古今宗教境界,作为更高的精神境界。这里所说的更高,并不一定是指此类境界在个体心灵实现的难度,亦是指此种境界可能掌握群众的广度和可能发生的巨大转化作用。于是,在我们的改良体系中,有三个层次,共九种境界。

这种体系是把一般人的功利境界作为最低的境界,在功利境界之上,道德境界是否定功利,自然境界是淡化功利,无相境界是取消功利,它们都是中国文化中固有的对治功利之心的精神系统。而这里所说的终极关怀境界则包括儒、释、道之外其他宗教尤其是西方宗教的信仰,也包括其他政治社会信仰如共产主义信仰。信仰的特色是能迅速改变庸常的功利生活境界，而迅速提升信仰者的精神境界，使之焕然一新，获得新的人生意义，以及全新的人生态度。冯先生的《新原人》一书中没有提到这种信仰境界，在解放后他对《新原人》的反思中也忽视了这一点。本来，他应该面对解放初期革命给青年人带来的巨大精神变化而调整《新原人》的境界说，包容革命信仰的境界。虽然，革命境界不同于道德境界，也不同于宗教境界，特定的革命境界也不一定和其他宗教的信仰境界一样是恒久的，但在转化、改造人的精神境界方面有同样明显的作用。而在这一点上，冯先生执着旧说去解释新的现实，与旧说的改进失之交臂。

              2015.10.6

论道德遗产的抽象继承问题
——兼论诠释学视野中的文化传承问题

1949年以后,中国社会结构发生了根本变化,在文化上强调适应新社会的新道德。50—60年代的意识形态以革命为中心,对传统文化的方针虽然形式上讲批判地继承,但在道德文化领域实际是以革命、批判、否定为主。在这种处境中,冯友兰思想文化关注的重点,便不能不转向论证对传统文化继承的重要性和必要性。他提出的一些论题闪耀着反抗教条主义、维护中华文化的思想光芒,在当时的时代状况下,是非常难能可贵的。

一 哲学遗产的"抽象继承"

1957年1月8日《光明日报》发表了冯友兰的一篇文章,题目是《关于中国哲学遗产的继承问题》,这篇文章是根据他的一个讲演修改而成的。[1]他在这篇文章中的主要观点被称为"抽象继承法"。

---

[1] 冯友兰在该文最后注:"这篇稿子是根据卢育三、朱传棨两位同志所记的我的一个讲演修改成的。"

在《三松堂自序》中，他将这篇文章作了摘要，我们首先跟随这个摘要做一些分析，以完整了解他的主张和思想。《自序》的摘要如下：

我们近几年来，在中国哲学史的教学研究中，对中国古代哲学似乎是否定得太多了一些。否定得多了，可继承的遗产也就少了。我觉得我们应该对中国的哲学思想，作更全面的了解。[1]

这篇文章的写作背景是，1956年中共八大以后，至1957年夏反右开始，由于经过建国后7年的建设，各方面面目一新，毛泽东与执政党有了充分自信，故提出"双百"方针，以求促进文化繁荣发展。[2] 在这个背景下，1957年初，为贯彻"百家争

---

[1] 《三松堂自序》，《冯友兰文集》第一卷，长春出版社，2008年，176页。翟志成指出，此讲话在1月8日发表，随后在1月22日至26日的中国哲学史座谈会上把这篇文章的观点又报告了一次。见翟志成：《五论冯友兰》，台湾商务印书馆，2008年，137页。

[2] 1956年4月毛泽东提出："艺术问题上的百花齐放，学术问题上的百家争鸣，应该成为我们的方针。"同年5月他又说："在中华人民共和国宪法范围之内，各种学术思想，正确的，错误的，让他们去说，不去干涉他们。"1956年5月26日陆定一向知识界做报告《百花齐放 百家争鸣》，提出"在人民内部，不但有宣传唯物主义的自由，也有宣传唯心主义的自由"，"对我国文化遗产中的有益成分，有粗心大意一笔抹煞的倾向。这是当前主要的倾向。"1956年7月21日《人民日报》评论员的文章《略论"百家争鸣"》也指出了这一点："在学术问题上，在科学研究中，如果有人不采取辩证唯物主义的方法，或达到了和马克思主义不一致的结论，他仍然可以有权发表自己的见解。"可参看赵修义等编：《守道1957：1957年中国哲学史座谈会实录与反思》，世纪出版社，2012年，507页。

鸣",以北京大学为主的哲学学者召开了中国哲学史座谈会,提出了解放以来在日丹诺夫和苏联研究范式影响下带来的种种问题,加以反思。冯友兰则把这种反思集中在文化遗产的继承问题上。[1] 问题的核心是,在日丹诺夫范式下,对古代哲学基本是否定的,很难谈得上继承,应该加以改变。然而,怎样改变呢?

> 在中国哲学史中,有些哲学命题,如果作全面了解,应该注意到这些命题的两方面的意义:一是抽象的意义,一是具体的意义。过去我个人,对中国哲学史中的有些哲学命题,差不多完全注意它们的抽象意义,这当然是不对的。近几年来,我才注意到这些命题的具体意义。当然,注意具体意义是对的,但是只注意具体意义就不对了。在了解哲学史中的某些哲学命题时,我们应该把它的具体意义放在第一位,因为,这是跟作这些命题的哲学家所处的具体社会情况有直接关系的。但是它的抽象意义也应该注意,忽略了这一方面,也是不够全面。[2]

冯友兰认为,对中国古代哲学的继承,主要是对哲学命题的继

---

[1] 有关1957年北京大学中国哲学史座谈会,可参看赵修义等编:《守道1957:1957年中国哲学史座谈会实录与反思》。
[2] 《三松堂自序》,《冯友兰文集》第一卷,176页。

承，因此如何分析哲学命题便成为他这篇文章的焦点。他认为，要解决古代哲学的继承，就必须解决哲学命题的分析方法。他提出，一切哲学命题都有双重意义，即抽象意义和具体意义；马克思主义或苏联的研究方法注重哲学命题的具体意义，如提出这些命题的社会阶级基础等；但这样的方法不能解决古代遗产的继承问题。应该承认，冯友兰这个看法，击中了问题的要害。他主张应该注意哲学命题的抽象意义，这样才可能解决继承的问题。这是他此文最主要的论点。

什么是命题的抽象意义和具体意义呢？比如：《论语》中所说的"学而时习之，不亦说乎"，从这句话的具体意义看，孔子叫人学的是诗、书、礼、乐等传统的东西。从这方面去了解，这句话对于现在就没有多大用处，不需要继承它，因为我们现在所学的不是这些东西。但是，如果从这句话的抽象意义看，这句话就是说：无论学什么东西，学了之后，都要及时地、经常地温习和实习，这就是很快乐的事。这样的了解，这句话到现在还是正确的，对我们现在还是有用的。可是，也不是所有命题都有这两方面的意义。有的话只有具体意义，抽象意义不多。如《论语》说："有朋自远方来，不亦乐乎。"有人把朋作"凤"字解,如果这样,它的抽象意义就不多了。[1]

他主张,要把哲学命题的意义进行区分,他所说的一个命题的具体意义,其实应该是指提出这一命题的哲学家在提出这一命题时其观念的具体所指。因为哲学命题的意义就是其文字所表达的意义,其本身一定是一般的(或抽象的),而不可能是具体的,但哲学家在说出这个命题时他的所指可以有具体性。如"学"在文字的意义上就是普遍的、一般的,但孔子当时所说的学是指六艺之学,是具体的。所以一个命题往往确实有双重意义。冯友兰认为哲学命题的具体意义不能继承,继承的是其抽象意义。

也许,有些命题的抽象意义,是后人加上去的。可是有些命题的抽象意义,确是本来有的。近来我们做了些把古代经典著作翻译成现代汉语的工作。在翻译的时候,我们就感觉到,如果只注意到一些命题的具体意义,翻出来就不正确。如《礼记》说:"大道之行也,天下为公。"这个"天下"应该怎样翻译呢?有人说应该译作"中国"。西方汉学家翻译中国经典的时候,多把"天下"翻成"帝国",这是不对的。因为,先秦所谓"中国"是指

---

[1] 《三松堂自序》,《冯友兰文集》第一卷,176—177页。

中原，而"天下"则还包括"蛮貊"。如果把"天下"翻译成"中国"，也应该把"天下为公"译为今日之"中国为公"或"帝国为公"，这与原来的意思不完全相合。因为，就那个时候的人对于地理的知识说，他们的所谓"天下"，其范围不过是今日的中国，但是他们作这个命题时，他们的意义并不限于今日的中国。上面的翻译，都只注意到这个命题的具体意义。这个命题是有这个意义，可是它不止于此，它还有抽象意义。从抽象意义看，古人以为凡"天"以下的地方，都可以称为"天下"。《中庸》所说的"天之所覆，地之所载，日月所照，霜露所坠"，就是"天下"这个名词的涵义。将来，如果发现别的星球上有人，并和地球上的人有交往，它上面的地方，虽不是地之所载，但"天下"的抽象意义仍然也可以包括它。这样意义的"天下为公"我们就要继承下来。[1]

冯友兰这里主要讲了"天下"的翻译问题，没有讲整个命题的意义。今天来看，"天下为公"的命题，其字面的直接意义指"天下"是天下人共有之天下，其思想意义则在后世的理解中不断得到丰富。"天下为公"一段在《礼运》篇中是对上古社会的一种理想化的描绘，体现了古代儒家关于大同社会的构

---

〔1〕 《三松堂自序》，《冯友兰文集》第一卷，177页。

想,即认为大同社会是公天下而不是家天下,政治制度和伦理观念一切为公而不为己;政权传贤不传子,用人选能不任亲,孝慈既行于家,亦推广于社会。这种古代的天下观和大同社会理想,以及公而无私的价值观,为后世儒家所传承,在中国历史上发挥了重要影响,并成为近代中国人推翻君主制、追求共和、向往理想社会的重要理念基础,这些是应该继承的。

我们现在还谈一个问题,就是说,我们分别一个命题的抽象意义和具体意义的这个讲法,是否很特殊呢?其实并不特殊,许多哲学家向来都是这样作的。以研究黑格尔为例。马克思、恩格斯、列宁都认为黑格尔的思想有合理的内核,这就是他的辩证法思想。大家知道,黑格尔是个唯心主义者,黑格尔的辩证法是与他的唯心主义密切联系着的。他讲的发展,就是那个绝对观念的发展,由不自觉经过外在化而自觉,由为自到为他。这是绝对观念的发展。我们认为他的辩证法是合理内核,就是取其发展的抽象意义,而不是取其具体意义,就是说,取其发展而不取其绝对观念。恩格斯在《路德维希·费尔巴哈和德国古典哲学的终结》一书中说,黑格尔的方法与其体系有矛盾,这也是就其方法的抽象意义说的,如就其具体意义说,并无矛盾。马克思说黑格尔是头脚倒置的,要把它扶正过来。这也就是要注意黑格尔的许多命题的抽象意义,不然是不能扶正的。[1]

冯友兰认为,分别抽象和具体,也是马克思、恩格斯、列宁分析哲学史的一贯方法,如他们都强调马克思吸取了黑格尔的辩证法思想,但具体而言,黑格尔的辩证法是精神观念的辩证法,而马克思则剥离了黑格尔体系中与精神观念联结一体的辩证法,吸取了作为方法的辩证法。在冯友兰看来这也是在抽象的意义上吸取的。换言之,在他看来,哲学史上一切思想家对前人思想的吸取都包含着在抽象意义上的继承,马克思也不例外。他要用马克思的例子来加强他的观点的说服力。

因此我们说,把过去哲学中的一些命题从两方面讲,分别其具体意义和抽象意义。许多哲学史家本来就是如此做的,不过我们现在要自觉地这样做。只有这样做,才可以看出哲学史中可以继承的思想还是很不少的。当然,假使过重于在抽象意义方面看,可继承的东西又太多了,甚至连君君、臣臣也有人看作上级和下级的关系,这是不对的。如果过重于在具体意义方面看,那么可继承的东西就很少了。必须两方面都加以适当的注意、适当的照顾。这样,我们就可以对古代哲学思想有全面的了解。[2]

[1] 《三松堂自序》,《冯友兰文集》第一卷,177—178页。
[2] 同上书,178页。

的确，历史上的哲学史家，可以说本来就是、一直就主要是在抽象意义上去吸取、继承以往哲学命题的。因此，这种区别两种意义的方法，抽象继承的方法，本来就是历史上一切文化传承的方法、途径，并不是冯友兰个人的发明。而他所说的过重于在具体意义上看，就是指强调用阶级或阶级斗争的眼光去看。他所说的命题的两种意义，其实主要就是针对那些被阶级分析方法所否定的命题和思想，而并不是一切哲学命题。因为有些命题可能只有一种意义，如"人非生而知之者"。

上面的论证归结到另一个问题。哲学史中的某些哲学命题，我们若专注重于其抽象意义，它是不是对一切阶级都有用呢？要是这样，哲学史中的某些哲学思想，是不是就不是上层建筑呢？庄子早就提出了这个问题。在《庄子·胠箧》篇中说："盗亦有道：夫妄意室中之藏，圣也。入先，勇也。出后，义也。知可否，智也。分均，仁也。五者不备，而能成大盗者，天下未之有也。由此观之，善人不得圣人之道不立，跖不得圣人之道不行。天下之善人少，而不善人多，则圣人之利天下也少，而害天下也多。……圣人不死，大盗不止。"在当时的统治阶级看，跖是一个大盗；在农民看来，他是农民起义的领袖。这一点我们现在不论。专就庄子这一段话讲，他的意思就是把仁义道德看成像刀枪等武器一样，谁都可以用，仁义道德可以为统治阶级服务，也可以为反抗阶级服务。他认为仁义道德就是一种组织力量，谁想组织起来，谁就用它，不用不行。谁用它，它就为谁服务。《庄子》的这段话，可以作为一个例，以说明哲学思想中，有为一切阶级服务的成分。这个问题，我大胆地提出来，作为进一步讨论的基础。[1]

最后这一段是讲，承认抽象意义是不是使得有些哲学命题可以成为为一切阶级所利用、服务的工具？冯友兰认为确实是这样。他认为，哲学命题的抽象意义是没有阶级性的，或超阶级的，阶级性属于具体意义，可以想见，在当时确认这一点，还是需要理论勇气的。[2]

可以认为以上的摘要是他自己认可的这篇文章的主要与核心部分。在摘录之后他说："这篇文章的内容，后来被称为'抽象继承法'。这篇文章的有些提法，是不很妥当，但是其基本的主张，我现在认为还是可以成立的。"[3]那么，哪些提法他后来觉得不很妥当呢？可以成立的基本主张是何所指呢？这个问题我们后面再谈。

---

[1]　《三松堂自序》，《冯友兰文集》第一卷，178页。
[2]　汪子嵩"文革"后指出，"我现在认为冯友兰先生当时提出的抽象继承法，实在是作为一位有卓见的哲学家，想从当时教条主义的框框束缚中摆脱出来，恢复哲学研究的本来面目，是完全应该肯定的。"见《守道1957》，503页。
[3]　《三松堂自序》，《冯友兰文集》第一卷，178页。

二　道德遗产的继承内容

由于这篇文章所说的继承问题,是整个中国哲学的问题,而不仅仅是道德继承的问题,所以冯友兰《三松堂自序》的摘要中没有特别包括道德继承的部分,而本文的主题是要研究他在这一时期的道德思想,为此,我们把这篇文章有关道德继承的部分也引用如下:

> 孔子所说的"爱人"也有抽象意义与具体意义。从具体意义看,孔子所说的"爱人"是有范围的。儒家主张亲亲,认为人们因为血缘关系而有亲疏的不同,爱人是有差等的。……这是就孔子底这句话的具体意义说。就其抽象意义说,孔子所谓"人"既然与现在所谓"人"底意义差不多,他所谓"爱人",也不是没有现在所谓"爱人"底意思。从抽象意义看,"节用而爱人",到现在还是正确的,是有用的,可以继承下来。我们现在不是也主张勤俭办社,关心群众吗?孔子所说"为仁之方"即实行"仁"底方法为"忠恕"之道,"己所不欲,勿施于人"(《论语·颜渊》)。过去我们说孔子这样讲有麻痹人民、缓和阶级斗争底意义。从具体意义看,可能有这样的意义。但从抽象意义方面看,也是一种很好的待人接物底方法,我

们现在还是可以用。[1]

古代儒家讲仁者爱人，主张仁的思想内涵就是爱人，这里的"人"在命题形式上就是与"物"（动物、物品、物质存在）相对的"人"，而不是像阶级斗争论流行时期所解释的是专指贵族。更重要的是我们如何积极地去运用古代思想资料，即使有些命题在古代没有现代所需要的意义，也无碍于我们在现代运用时扩展其意义，赋予其时代的意义，如节用而爱人。己所不欲，勿施于人，当然不是处理阶级斗争和阶级关系的方法，但可以是处理一般人与人的关系的方法，这在社会主义社会的今天仍然适用。冯友兰在大力突出阶级斗争的时代，努力肯定"己所不欲，勿施于人"的伦理意义，是难能可贵的。

还有一点应该注意。在中国哲学史底丰富材料中，有很大一部分是讲修养方法与待人处世底方法。这些思想按其具体意义说，都是封建社会底东西，没有什么可以继承的。但按其抽象意义说，大部分还是可以继承的。《中庸》说："博学之，审问之，慎思之，明辨之，笃行之。"这些命题若从其具体意义上说，就要注意"之"字所代表的是什么。若从其抽象的意义上说，不管"之"字

---

[1] 《中国哲学遗产底继承问题》，《三松堂全集》第十二卷，河南人民出版社，2001年，96页。

代表什么，作为我们的为学方法，还是有很大用处的，是可以继承的。朱熹把这几句话作为白鹿洞书院学规底一部分，称为"为学之序"。就其抽象的意义说，确实是一个很好的"为学之序"。在白鹿洞书院底学规中，还有一条是"言忠信，行笃敬，惩忿窒欲，迁善改过"，这是"修身之要"。这一条底抽象意义，用现在的话讲，就是"说话行动要老老实实，不闹情绪，接受批评"，这还是很好的"修身之要"。另外还有读书底方法。朱熹曾说过读书要"循序而渐进，致一而不懈，从容乎句读文义之间，体验乎操存践履之实"。就其抽象意义说，这也是很好的。[1]

这部分论及的修养方法和处事准则与道德文化更有直接关系。言忠信，行笃敬，惩忿窒欲，迁善改过，不仅是修身方法，也是德性养成的方法。至于朱熹讲的读书法，更不能把它只看成读封建主义之书的方法，而否认其对读书的一般指导意义。总之，50年代把一切古代文化看作封建文化，看成封建地主阶级文化的文化，执着于古代文化的具体的阶级性，确实在继承问题上造成了极大的困扰，而冯友兰提出的继承方法正是为了摆脱这种困境而提出来的。但是由于左的思潮和教条主义的主宰，加上他的提法和容易被别人与他自己新理学体系联系起

---

[1] 《中国哲学遗产底继承问题》，《三松堂全集》第十二卷，98页。

来,所以必然要遭到当时的批判。

　　以上是冯友兰此篇文章的主要论点和部分。我们认为,任何一个哲学的陈述或命题,以"学而时习之"为例,作者产生它时,本身就是一个具体的共相。但一个即使是具体的观念,见诸文字(或语言),即获得了一般的形式。"举头望明月,低头思故乡",作者写作时表达的可能是其在某时某地针对某一特定对象而发的相思情感,是具体的,但一旦表达在这带有一般意义的文字形式上,这文字形式便已经是具有相对独立性的普遍形式和共相,后人读此诗句时,或运用此诗句时,便可在其普遍形式所允许的范围内,体验、赋予或表现与原作者不全相同的具体情感。而其他文本的理解或诠释也都如此。文化实践历来如此,文化的传承从来都是对作品在其形式边界之内的一般意义的传承。除非研究李白个人生活史,才会关注这一句诗的具体意义,这是与文化传承、继承所面对的问题完全不同的。如果历史上的作者表达的本来就是一种一般意义上的陈述,如"读书要循序渐进",则后人的理解当然也就完全从普遍意义上去加以理解了。因此,如果一个陈述或命题在产生时是一个具体的共相,而在文化传承中,其"具体"的一面便被模糊化,人们真正关注、发挥的在其"共相"的一面。文化的实践就是尽力扩展其一般形式的普遍的可能意义,来实现人对文字形式运用的能动性。

　　1982年冯友兰在哥伦比亚大学赠予他名誉学位时的答词

中说:

> ……由于这实际上是一个如何解决不同的文化之间的矛盾冲突的问题,这个问题又进一步表现为如何继承精神遗产的问题,五十年代中期我就提出这个问题,一时讨论得很热烈。
>
> 最简单的解决办法是简单地宣布:过去的哲学都是为剥削阶级服务的,因而毫无继承的价值。现在应当不管过去,只当它并不存在。现在应当从零开始,一切都要重新建立。这种观点显然在理论上过分简单化,在实践上也行不通。过去的存在是一个客观事实,任何主观的观点都无法抹杀它。持这种观点的人不懂得,现在是过去的继续和发展。[1]

这是在那场讨论25年后他第一次表达的态度,而在此后不久的《三松堂自序》中更完整地表达了他晚年的立场。

三 对"继承"的理论分析

1957年5月,冯友兰又写了《再论中国哲学遗产底继承问

---

[1] 《三松堂自序》,《冯友兰文集》第一卷,234页。

题》，文章说："《光明日报》1957年1月8日登载了我的《中国哲学遗产底继承问题》底一篇文章。……在我那篇文章里有许多地方讲得不够全面；对于有些问题底提法，也不恰当。关于这个论点底有些方面，我当时实在也没有想得很清楚。几番的讨论……给我很大的启发。现在我觉得我底基本论点，倒是更明确了。这大概就是辩证的发展底一个例证吧！"[1]

在这篇文章中，他首先谈了继承的问题，他说："所谓继承，包括三个问题：第一，什么是继承，就是关于继承底意义底问题；第二，怎样继承，就是关于继承底方法底问题；第三，继承什么，就是关于继承底内容与选择标准底问题。关于第一个与第三个问题，在我底那篇文章中没有谈到。我所谈的主要的是第二个问题。在我那篇文章中，以至于在后来的座谈会中，这一点没有交代清楚，因此引起了一些混乱。"[2]

关于什么是继承，他提出："在历史发展底各阶段中，各阶级从已有的知识宝库中取来的一部分的思想，必须加以改造，使它跟自己的需要与当时的知识水平结合起来，然后才能发生作用。"[3]又说："在历史发展底各阶段中，各阶级向已有的知识宝库中，取得一部分的思想，加以改造，使之成为自己底思想斗争底武器，在自己的事业中，发生积极作用。这

---

[1]　《再论中国哲学遗产底继承问题》，《三松堂全集》第十二卷，119页。
[2]　同上。
[3]　同上书，120页。

就是思想继承。在中国历史中,思想继承,本来是这样进行的。"[1]可见,冯友兰认为"继承"必须要对所选择的古代思想加以改造,跟新的知识水平结合,同时代的需要结合。他认为其实历史上的文化继承一直是这样的。那么,为什么在社会主义时期,继承的问题会遇到困难了呢?他认为西方近代思想和马克思主义,都是从西方近代知识宝库中取得继承的东西,都没有遇到是否要从封建时代知识宝库中取得的要继承的东西,在这方面是个新的问题,"因此中国哲学底继承问题就成为问题"。

可见,其实,更重要的问题还是"要不要继承",如冯友兰所指出的,解放后一个时期,"大家强调,古代与现在'毫无共同之处',好像无论什么事情,都要从头做起,那就无所谓继承问题。现在这种见解已证明为错误的了。大家都承认:即使在封建社会底知识宝库中,也还有不少我们可以继承的哲学思想。我们要把这些思想,加以分析、批判、改造,以为我们建设社会主义社会底事业服务。这是大家都承认的。"[2]到了1956年,大家在理论上都已经承认中国文化的遗产,有不少可以继承的部分,于是关键就转变为怎样继承、继承什么了。

关于怎样继承,他说:"在《光明日报》那篇文章里,我主要的是企图解决这个问题。我主张在研究古代哲学底工作

---

[1] 《再论中国哲学遗产底继承问题》,《三松堂全集》第十二卷,120页。
[2] 同上书,121页。

中，要把哲学体系中的主要命题，加以分析，找出它底具体意义与抽象意义。如果有可以继承底价值，它底抽象意义是可以继承的，具体意义是不可继承的。在研究古代哲学底工作中，我们如果注重其中命题底抽象意义，就可见可以继承的比较多。如果只注重其具体意义，那可以继承的就比较少，甚至于同现在'毫无共同之处'，简直没有什么可以继承。"[1]这就指出了阶级分析方法导致的文化继承困境，在当时已经十分突出。问题是不能仅仅指出其困境，还要在理论上说明其中的问题，这就是冯友兰提出抽象继承法的意义。

关于继承什么，他说："近来大家都承认我们古代哲学中的优良传统，是其中的有科学性、人民性与进步性的东西，是其中的唯物主义成分，也就是其中的有唯物主义性的东西。这些东西在中国过去的哲学中是很丰富的。我们所要继承的，首先就是这些东西，这是大家都承认的。在《光明日报》那篇文章里，我没有提到这一点，因为我认为这是不成问题的。问题在于怎样继承。"[2]科学性、人民性、进步性是当时党和政府提出的文化继承的标准，对此冯友兰并没有异议，其实，从今天来看，这些标准还值得讨论，尤其是从道德伦理的角度看，这三性都不能解决道德继承的问题。

1957年，在这个有关继承问题的讨论中，作为中共理论家

---

[1]　《再论中国哲学遗产底继承问题》，《三松堂全集》第十二卷，121—122页。
[2]　同上书，128页。

的代表之一的胡绳提出了一些观点,值得关注。他说:"唯物主义者吸取唯心主义哲学所提供的某种思想资料,决不是很简单的,好像从旧房子上拆下砖瓦来安到新房子上一样。""当我们把这些思想资料从唯心主义体系中解放出来以后,也不是使它变成既非唯心又非唯物的成分,而是要给它唯物主义的解释,使它和唯物主义的根本观点相结合起来。"[1]这和冯友兰当时对继承的理解没有冲突,当时冯友兰自己也强调继承不是现成地搬用吸取,而是要改造、要结合。但胡绳这个提法也包含着严肃的意义,不予以回应,就不能完全解决继承问题上的疑惑。所以冯友兰也指出:"我同意这个看法。就是一块砖瓦,从旧房子上拆下来,它必然也带了些石灰泥土之类,必须把这些旧房子底残余去掉,然后才可以安到新房子上,成为新房子底一部分。但是毕竟要有那么一块砖瓦,然后才可以对于它进行改造。如果旧房子上的砖瓦,都是如此同旧房子紧密地联系在一起,以至于同新房子'毫无共同之处',那么在拆散旧房子底时候,就不会有什么像样的东西遗留下来,也就没有什么东西可以加以改造,使其成新房子底资料了。"[2]那么,在一个即使是唯心主义的体系中,有没有一些非唯心主义的成分,或既非唯心也非唯物的成分?我们认为应当肯定是有

---

[1] 引自《再论中国哲学遗产底继承问题》,《三松堂全集》第十二卷,129、130页。
[2] 同上书,131页。

的，如王阳明心学是唯心主义的，但其中的知行合一思想就是非唯心主义的，或既非唯心也非唯物的哲学命题，是应该继承的，即可以加以改造、结合当代的实际需要而继承的。冯友兰所说的，就是在文化资源上要承认有一些新旧时代共同需要的成分，当然在文化传承的实践中旧的成分要经过改造使之成为适应新的需要的成分。至于胡绳所说的要给哲学思想资料以解释，这正是解释学的实践题中应有之义，而解释绝不是具体意义的解释，必然是在其一般形式层次上进行的解释。

四 晚年的分析和反省

在《三松堂自序》中，冯友兰对1957年提出的抽象继承论作出了反思。如"这篇文章的有些提法，是不很妥当"，其实他早在《再论》中也承认"在我那篇文章里有许多地方讲得不够全面；对于有些问题底提法，也不恰当"。那么，哪些提法他晚年觉得是不妥当的呢？

"首先是由于'抽象'这个词的严格的哲学意义没有先说清楚。"[1]他在《再论》中也承认："……一提到抽象，有些人就会联想到形式逻辑式的抽象。这种抽象诚然是很简单、很省力，但是不能解决实际问题。我所说的抽象，不是那种抽

---

[1] 《三松堂自序》，《冯友兰文集》第一卷，178页。

象。为了避免误解,我在以下不用'抽象'与'具体'这两个字眼,而用'一般'与'特殊'这两个字眼。"[1]这就是说,他其实更倾向用"一般"来替代"抽象",以免引起误解,但是他已经习惯使用"抽象"一词,以至于他在后来也还是经常用"抽象"一词。而我们更愿意把他的思想称为"普遍继承法"。

"其实,把哲学的继承归结为对于某些命题的继承,这就不妥当。哲学上的继承应该说是对于体系的继承。一个体系,可以归结为一个或几个命题,但是,这些命题是不能离开体系的。离开了体系,那些命题就显得单薄、空虚,而且对它可以有不同的解释,容易作出误解。"[2]也就是说,他在晚年承认,把继承的问题归结为哲学命题的继承,是不妥当的,突出哲学命题是不妥当的。冯友兰的这种讲法虽然吸取了1957年人们对他的批评,但其实,继承也常常是对命题的继承,在实际文化实践中,特别是大众的文化实践中,基本上都是对观念和命题的继承,很少是体系的继承。我们现在多把继承归结到思想和理念的继承,而不再用"命题"的提法。

"说一个命题有抽象意义和具体意义,这也是不妥当的。因为一个哲学命题所说的,总是一般性的原理,是一个抽象的东西。所以一个哲学命题,应该只有抽象的意义。一个一般的

---

[1] 《再论中国哲学遗产底继承问题》,《三松堂全集》第十二卷,122页。
[2] 《三松堂自序》,《冯友兰文集》第一卷,180页。

原理，在它实现的时候，在它成为现实的存在的时候，总要寄托于一些具体的情况之中，一般寓于特殊之中。人们对于一个一般原理的了解，也可以因其所处的情况或所有的科学知识的不同而不同。……其实严格地说，一个哲学命题不能有具体意义，它应该排斥具体意义。我原来所说的具体意义，实际上是一个哲学命题在实际情况中的应用，或是人们对于它的不同了解，这是一个哲学命题所要排斥的。我原来的提法的这些不妥之处，也是引起当时辩论的一个原因。"[1]也就是说，他在晚年仍然坚持哲学命题有抽象意义，但不再主张哲学命题有具体意义，只承认哲学命题有具体应用。照这个说法，文本的意义就是普遍的、一般的意义，而文本在实践中的应用才是具体的、特殊的。这也是1957年讨论中一些人的意见。[2]其实，如果作者原意属于具体意义，则不能完全排斥具体意义。

"其基本的主张，我现在认为还是可以成立的"。除了以上讲的三点不妥外，抽象继承的基本主张，他还是坚持的，认为思想文化的一般性，是继承的对象，继承的不是具体的东西。他说："无论是继承什么，总得分别那个东西的一般性和特殊性，你只能把它的一般性继承下来，至于其特殊性是不必继承也不可能继承的。比如杜甫的诗说：'朱门酒肉臭，路有冻死骨。'（《自京赴奉先县咏怀五百字》）这两句诗我们都

---

[1]　《三松堂自序》，《冯友兰文集》第一卷，180—181页。
[2]　如当时的吴启贤和后来的汪子嵩，见《守道1957》，284、502页。

认为有人民性,应该继承,但是所要继承的就是为老百姓说话的这个人民性。杜甫写这两句诗是根据他从长安到奉先县路中所见的情况。你可以继承杜甫的诗的人民性,你不需要也不可能继承杜甫的走路,你不需要从西安往奉先县走一趟。"[1]

他还说:"原来讲继承的人都是抽象继承,比如说,社会主义革命和社会主义建设,都要将马克思主义的放之四海而皆准的普遍原则与中国的实际相结合,这个继承就是抽象继承。马克思、恩格斯讲的话,主要是根据英国、法国、德国的实际讲的,列宁、斯大林讲的话主要是根据俄国的实际讲的。实际就不会是放之四海而皆准的普遍原则。普遍原则都是从实际中抽象来的,所以才能放之四海而皆准。没有那样愚笨的人,主张把别的国家的实际也继承下来,那显然是不可能的。"[2]

关于道德遗产的继承问题,1957年座谈会上张岱年先生提供了专文《道德的阶级性和继承性》参加讨论,张岱年指出,哲学遗产的继承性包含伦理思想的继承性问题,他提问道:"在那些不同时代的,或不同阶级的,彼此不同的道德观念之间,除了相互对抗相互冲突的关系之外,是否也还有相互渗透相互影响的关系呢?"很明显,这个提问本身就包含了对这个问题的肯定的回答。他指出,不同时代不同阶级的不同道德不仅有其共同的根源,也有共同的方面,"这些共同方面似乎不

---

[1] 《三松堂自序》,《冯友兰文集》第一卷,181页。
[2] 同上书,180页。

仅是'形式上的',其实是'内容中的',乃是内容里的不同因素。在人类历史中,有一些道德观念或道德标准是在很长的时期中,对于不同的阶级,起过或者还在起着作用的。它似乎是各阶级所需要的,虽然是用来达到不同的目的。对于同一道德概念,各阶级对之有不同的了解,但在这不同的了解之中,也还有一些共同的成分。惟其如此,所以,古今或新旧道德之间,有其一定的继承关系。"[1]张岱年的观点是正确的、合理的。"文革"后,张先生在《中国哲学史方法论》的讨论中,特别提及如何分析哲学命题的普遍意义与特殊意义。他指出:"哲学命题大都是普遍命题,具有两重意义:一方面,它反映了某一客观的普遍规律;另一方面,当一个思想家提出一个命题的时候,他是根据某些特殊事例而提出的,这个命题是某些特殊事例的总结,是这些特殊事例的概括,这就是它的特殊意义。""但是这些由一定是特殊事例总结出来的规律仍然有一定的普遍意义。"[2]这应当可以看作对冯友兰两重意义说的一种补充。张岱年也特别提到对于抽象继承法的剖析,他说:

"现在重新考虑这个问题,我认为,冯先生所提出的见解确有错误,但其错误不在于他主张区分哲学命题的抽象意义和具体意义,而在于把这种区分看作继承的主要方法,没有把区分精

---

[1] 见《守道1957:1957年中国哲学史座谈会实录与反思》,278页。
[2] 《张岱年全集》第四卷,河北人民出版社,1996年,154页。

华和糟粕看作批判继承的主要方法。"[1]张岱年主张哲学命题一般都有两种意义,抽象意义固然可以继承,其具体意义有时也未尝不可以继承,所以继承古代哲学遗产,不限于继承古代哲学命题的抽象意义。同时,并不是所有的命题的抽象意义都可以继承,有些哲学命题的抽象意义也是不可以继承的。由于张先生赞成哲学命题的两种意义的分析,他还找出恩格斯《英国工人阶级状况》中论理论的"抽象的意义"一段话,来支持抽象意义的提法。[2]不过我们认为,继承的对象主要还是理论或命题的一般形式和普遍内容,虽然并不是所有命题的一般意义都可以继承。不过,思想文化的继承不限于这里所说的命题的一般形式及其含有的普遍内容,继承的对象亦可指思想方法或世界观、价值观的内容。如恩格斯所说,像对民族精神有如此巨大影响的黑格尔哲学,要批判地消灭它的形式,但是要救出通过这个形式获得的内容。[3]

从这里可以看出,"抽象继承"不仅仅如冯友兰所说的只是体现在对命题的一般形式的继承,还应该包含着另一个方面,即对精神实质的提炼或抽象,从而加以继承。对传统文化,我们常常需要把一个领域的具体文化现象背后的精神提炼出来,那些具体的文化现象可能是过时了的,但其精神是可

---

[1] 《张岱年全集》第五卷,259页。
[2] 同上书,261页。
[3] 《马克思恩格斯选集》第四卷,人民出版社,1972年,219页。

以继承的。正如黑格尔所指出的，辩证法理解的否定是对特殊内容或具体的活动规范的否定，而保留其中的普遍本质。贺麟在1957年的讨论中提出："什么东西可以继承？我觉得继承的一定是本质的东西。……一般的东西，如果是指最本质的精神实质而言，我认为是可以继承的。"[1]早在1923年梁启超就提出，《论语》的内容"其中一部分对当时阶级组织之社会立言，或不尽适用于今日之用，然其根本精神，固自有俟诸百世而不惑者"。[2]所表达的也是这个道理。对于精神要义的提炼不像对命题一般意义的继承那么直接，要求更为深刻的理论把握和文化透视能力，是创造性的诠释，也是创造性的继承。

五 关于"具有普遍性形式的思想"

这里我们简单论及冯友兰60年代前期关注以"具有普遍性形式的思想"研究孔子思想的意义，我们把这一关注看作抽象继承论的后续延伸，故放在这里一并叙述分析。

1960年代初，冯友兰在写作《中国哲学史新编》试稿时，在分析孔子思想的部分，提出孔子仁的思想是采取了"超阶级的"、"普遍性形式"。这可以看作他在1957年提出抽象继承论后，又一次寻求肯定中国文化可以继承的理论努力。正像

---

[1] 见《守道1957：1957年中国哲学史座谈会实录与反思》，205页。
[2] 《梁启超文存》，江苏人民出版社，2012年，439页。

1957年一样,他的观点再次受到了很多批判,而他也作了很多辩难。

1960年冯友兰《论孔子》一文,没有作理论上的深入讨论;1961年的《再论孔子》就提出了普遍性形式的问题;《三论孔子》重复并细化了这个方面的讨论:"孔子所说的'爱人','己所不欲,勿施于人','己欲立而立人,己欲达而达人',这些话是不可以专照字面了解的。必须注意这些话的具体内容。从这些话的字面意义上看,他的这些话似乎是超阶级的;就其内容看,这些话的阶级性是很明显的。可是,也必须承认,孔子所说的这些话,是以普遍性的形式提出来的。这种形式是不是也有它的一定的历史意义呢?我认为这是有的。马克思和恩格斯有一段话可以说明这一点。"[1]

这是指马克思、恩格斯《德意志意识形态》的一段话,"普遍性形式"这一概念也是出自这一段话:

> 然而,在考察历史进程时,如果把统治阶级的思想和统治阶级本身分割开来,使这些思想独立化,如果不顾生产这些思想的条件和它们的生产者而硬说该时代占统治地位的是这些或那些思想,也就是说,如果完全不考虑这些思想的基础——个人和历史环境,那就可以这样说,例

---

[1] 《三论孔子》,《三松堂全集》第十三卷,147—148页。

如，在贵族统治时期占统治地位的概念是荣誉、忠诚，等等，而在资产阶级统治时期占统治地位的概念则是自由、平等，等等。总之，统治阶级自己为自己编造出诸如此类的幻想。所有历史编纂学家，主要是18世纪以来的历史编纂学家所共有的这种历史观，必然会碰到这样一种现象：占统治地位的将是越来越抽象的思想，即越来越具有普遍形式的思想。因为每一个企图取代旧统治阶级的新阶级，为了达到自己的目的不得不把自己的利益说成是社会全体成员的共同利益，就是说，这在观念上的表达就是，赋予自己的思想以普遍性的形式，把它们描绘成唯一合乎理性的、有普遍意义的思想。进行革命的阶级，仅就它对抗另一个阶级而言，从一开始就不是作为一个阶级，而是作为全社会的代表出现的；它俨然以社会全体群众的姿态反对唯一的统治阶级。它之所以能这样做，是因为它的利益在开始时的确同其余一切非统治阶级的共同利益还有更多的联系，在当时存在的那些关系的压力下还不能够发展为特殊阶级的特殊利益。[1]

就《德意志意识形态》的原意而言，是强调历史上任何占统治地位的思想都不是自身独立的，而是统治阶级的思想，所以不

---

[1] 《马克思恩格斯选集》第一卷，1994年，100页。

能脱离了统治阶级去看那些占统治地位的思想；但统治阶级总是为自己造出一种幻想，即占统治地位的思想是独立的。马克思恩格斯这里所突出的是历史唯物主义强调思想的阶级性的立场。另一方面，马克思恩格斯也强调，近代以来在西方社会占统治地位的是越来越抽象、越来越具有普遍形式的思想，这是由于统治阶级把自己的利益说成全体社会成员的共同利益，把自己的思想赋予普遍性形式，表达为有普遍意义的思想。马克思恩格斯显然认为要透过现象看本质，要看到这些普遍性形式的思想其实是统治阶级的思想。那么什么是具有普遍性形式的思想呢？显然应当是指那些诉诸一般形式的陈述（如"爱人"），而非诉诸具体意义的陈述（如"爱本阶级的人"），借以用普遍性的形式把它的利益描绘成社会全体成员的利益。在冯友兰看来，具有普遍性形式的思想，就是在理论上采用普遍性形式宣称社会全体成员的利益的思想。虽然统治阶级这样做的时候有可能是虚伪的，但也有不站在统治阶级立场这样做的哲学家。对这类理论命题，诉诸具体意义的陈述就不容易继承，诉诸一般形式的陈述就可以继承。因为只有具有普遍性形式的陈述才有可能被抽象继承。如果具体地表达了阶级的属性，就限制了继承的可能性。

冯友兰说："孔子所说的'爱人'，就其普遍性的形式说是超阶级的爱。在阶级社会中，超阶级的爱是没有的，但是超阶级的爱的言论是有的。这是两回事，不可混同。"[1]冯友兰通过把"爱人"的仁学确定为具有普遍性形式的思想，以便把孔子的仁的思想与具体的阶级属性分开，使之成为可以继承的资源。马克思的论述，承认思想史上有具有普遍性形式的思想言论，但马克思并没有说凡是具有普遍性形式的思想就可以继承，而是强调要看清这些普遍性形式思想背后的阶级基础。所以马克思其实并不能真正帮助冯友兰的继承思想。[2]毋宁说，冯友兰觉得马克思的"普遍性形式的思想"有助于他关于哲学命题有抽象意义、一般意义的主张。

冯友兰提出用普遍性形式来解说孔子仁学后，遭到不少批判，但他并未屈服，他说："《中国哲学史新编》（1962年版）第一册出版后，承各方面的同志提了不少的意见。其中对于第四章第四节'孔子关于仁的思想'的意见比较多，特别是关于所谓'具有普遍性形式'这一点。我在这一方面也提出了一些补充的论证（见拙作《关于孔子讨论中的一些方法论上的问题》，1963年11月18日《文汇报》）。我也发现我有些提法不很准确，准备在将来对全书进行修改的时候，加以改正。但

---

[1] 《三论孔子》，《三松堂全集》第十三卷，149页。
[2] 有关抽象继承法和马克思主义中可以肯定文化传统的资源，可参看陈卫平：《抽象继承法蕴含的问题：传统哲学何以具有当代价值》，载《守道1957：1957年中国哲学史座谈会实录与反思》，629—638页。

是我还没有发现我的主要论点有改正的必要。"[1]可见冯友兰对于他遭到的批评，总是据理力争，而不轻言放弃。他坚持："我认为孔子讲仁的意义，是首先发现别人是'人'；用'人意'去对待人；这就叫作'仁'。这可能只是在作为自然人的意义上，把别人看成跟自己一样。可是这个就不是简单的事。"又接着说："孔子本人和他所代表的地主阶级，在实际行为中，不可能认为任何别人都与自己处于平等的地位，也不可能平等地爱一切人，但是孔子讲这些话的时候，他是以普遍性形式提出来的。他所讲的仁是一种具有普遍性形式的思想。在春秋末期，地主阶级的代言人提出这样的思想，有其进步的意义。"[2]

冯友兰在《教学与研究》1963年第4期发表了一篇文章，回应他的中国哲学史新编试稿中对孔子思想的分析引起的不同意见，集中在他运用《德意志意识形态》的一段论述。有关这段论述，冯友兰写了好几篇文章加以讨论，其中很多细节与本文的关注没有直接关联，就不加引用了。他谈道："马克思、恩格斯在《德意志意识形态》这部经典著作中，提出了历史唯物主义的基本原则。在这部书（1960年人民出版社版）52页至55页中，他们提出了各个历史时期的居于统治地位的思想的发

---

[1] 《关于论孔子"仁"的思想的一些补充论证》，《三松堂全集》第十三卷，208页。
[2] 同上书，209页。

生和发展的规律及其阶级根源,由此批判了以黑格尔为代表的唯心史观。这是我对于《德意志意识形态》的这几页的了解。我根据这种了解,在这种了解的指导之下,对于孔子关于仁的思想作分析和估价。我引用了《德意志意识形态》这几页中的话,作为我的理论根据。我的《中国哲学史新编》在以后对于封建社会统治思想的分析,也是在这种了解的影响之下作出来的。我觉得这种了解很能解决问题。"[1]1962年吴晗提出了封建时代的道德也是可以继承的观点,与冯友兰的抽象继承一致,引起了一场关于道德继承的讨论,从时间上看,吴晗提出的这种观点很有可能是受到冯友兰的影响。

关于哲学的阶级性与普遍性问题,张岱年后来引用了《德意志意识形态》的另一段话:"随着分工的发展也产生了个人利益或单个家庭的利益与所有互相交往的人们的共同利益之间的矛盾;同时,这种共同的利益不是仅仅作为一种'普遍的东西'存在于观念之中,而且首先是作为彼此分工的个人之间的相互依存关系存在于现实之中。"[2]在这里,马克思明确肯定有个人利益与共同利益,共同利益既存在于观念形态中,也存在于现实关系中。而共同利益反映为观念中的"普遍的东西",就是哲学的具有普遍性形式的思想。因此具有普遍性形式的思想可以说常常就是共同利益的表达。因此张先生说:

---

[1] 可另参看《三松堂全集》第十三卷,215页。
[2] 《马克思恩格斯全集》第一卷,37页。

"许多思想家都重视社会的共同利益,为统治阶级服务的思想家,为了维护统治阶级的长久利益,也在一定程度上重视社会的共同利益。"[1]这种重视就表达为观念中的"普遍的东西"。可惜冯友兰没有注意到《德意志意识形态》的这一段话,用共同利益说去支持"普遍性形式的思想"亦即"有普遍意义的思想",否则,他的提法在面对阶级利益分析方法时会更有抵御的力量。而且,在阶级斗争分析占主流地位的年代,很少有人从古人观察和认识自然与社会的"智慧"的角度去肯定文化继承的必要性和重要性。因为"智慧"已经几乎被"阶级利益"所覆盖了。[2]在我们看来,哲学命题如果表达了阶级利益,那也一定体现在理论命题形式即其一般意义的本身中,离开理论命题的形式另外挖掘的阶级利益,都不是命题的具体意义。在我国思想文化界,阶级斗争分析法带来的迷惑必须在理论上加以清理,才能完全确立文化继承的合理性。

六 诠释学的文本理论与创造性继承

冯友兰所引起的关于哲学遗产的抽象意义与具体意义的讨

---

[1] 《张岱年全集》第四卷,155页。
[2] 只有贺麟在1957年座谈会关注了民族的生活经验、智慧、思想总结,并指出从辩证法来讲承继是包含否定、保存和提高的过程。见《守道1957:1957年中国哲学史座谈会实录与反思》,200页。

论,尤其是"怎样继承"的问题,我们可以在西方哲学的诠释学发展中看到相关的论述,并帮助我们更深入、更广泛地理解这一讨论所关联的哲学意义。

让我们简单梳理一下诠释学史上有关"文本"的讨论。

1. 诠释

根据现有的研究,诠释学可以分为两种形态,一种是文本探究的诠释学,一种是文本应用的诠释学。文本探究型诠释学以研究文本的原始意义为根本任务,这种诠释学认为,由于时间的距离和语言的差别,过去文本的意义对我们变成了陌生的,因此我们需要把陌生的文本的语言转换成我们现在的语言,把陌生的意义转换成我们所熟悉的意义,语文学的诠释学即是此类诠释学的主要模式,意在重构作品的意义和作者原初所想的意义。[1] 而文本应用型诠释学旨在把经典文献中已知的意义应用于我们要解决的问题上,应用于具体现实问题上,在这里,经典的意义是明确的,无需重加探究,我们的任务只是把经典的意义应用于现实问题。应用的方法原则是一般和个别的统一,即在一般和个别发生冲突时调和一般与个别,或是放宽一般意义以包括个别,或是通过阐明使个别意义纳入一般。这个讲法与冯友兰区别一般意义和具体意义近似,在冯友兰看

---

[1] 洪汉鼎:《诠释学——它的历史和当代发展》,人民出版社,2001年,17页。

来阶级分析就是无视一般,只讲个别。上面所说的这两种类型的诠释学,有德国学者称之为独断型诠释学和探究型诠释学,我们则略为改变,名之为文本应用型诠释学和文本探究型诠释学。[1]在这个意义上,冯友兰所讲的文化继承问题,就是文本应用型诠释学的问题,而不是文本探究诠释学的问题。明确这个基本分别是很重要的。

在欧洲历史上,诠释学的早期形态是"圣经学",18世纪出现的语文学则试图从语文学和文献学对古典文本进行分析和解释。19世纪施莱尔马赫试图把以往的诠释学综合为"普遍的诠释学","以便把诠释学领域加以扩大,包容所有流传下来的文本和精神产品,而不只是那些经过特别选择的古典的、权威的或神圣的著作。由于这种范围的扩大,诠释学失去它原来强调的理解文本就是阐明和传达神圣真理的使命,而代替这种传达真理使命的是,文本被认为是作者的思想、生活和历史的表现,而理解和解释只不过是重新体验和再次认识文本中所自产生的意识、生活和历史"。因此普遍诠释学的任务不是像"圣经学"那样使我们去接近上帝的神圣真理,而是发展一种"避免误解的技艺学",包括语法的解释技术和心理的解释技术,一种有助于我们避免误解文本、他人的讲话、历史的事件的方法。也可见"圣经学"是真理取向的,古典学是历史取向。

---

[1] 洪汉鼎:《诠释学——它的历史和当代发展》,20—21页。

实际上中国古来汉学的经学与文献训诂学的方法也是如此,属于这种"普遍的诠释学"。

按照19世纪普遍诠释学早期代表阿斯特的看法,解释有三要素,即文字、意义、精神。他认为对古代文本和文字的研究,既要揭示古代的普遍精神和生命,又要理解作品的特殊精神和思想,因此对古代文本的理解就有两个层次——普遍和特殊。"文字的解释就是对个别的语词和内容的解释,意义的诠释就是对它所在段落关系里的意味性的解释,精神的解释就是对它与整体观念的更高关系的解释。"[1]这里也涉及了文本理解中普遍与特殊的不同层次,"解释"关注语词的字面解释,而"诠释"关注段落的整体意义,这显然就是两个层次的东西。中国古代,训诂学对应的就是文字,义理学对应的是意义、精神。

现在来看施莱尔马赫,他认为理解的对象独立于理解者,我们应当把理解对象置于它们赖以形成的历史语境中。而我们要理解的东西不是作品的真理内容,而是作者个人的个别生命。于是他认为,文本的意义就是作者的意向或思想,而理解和解释就是重新表述或重构作者的意向或思想。他主张只有我们重构了作者的心理状态,我们就算诠释了作者文本。所谓重构作者的心理状态,就是努力从思想上、心理上、时间上设身

---

[1] 洪汉鼎:《诠释学——它的历史和当代发展》,66页。

处地地体验作者的原意。[1]可见,他重视的不是普遍的、一般的真理内容,不是寻找一种广大读者共通共感或可分享的内容,而是作者生命的独特的具体表现。他的诠释学即是文本探究型诠释学的代表。从这个角度看,冯友兰所说的孔子"学"的具体意义应即属于作者的意旨,从而施莱尔马赫的诠释学方法可谓重视文本的具体意义的方法。

按照更早的斯宾诺莎的看法,"作品可能意指的东西远比作者所想的更多",而解释就是把包含更多的那些东西展开来。而与之相反,施莱尔马赫认为理解的只是对作者意图的重构,而不涉及作品的真理内容。理解不是对于一个共同关心的主题达到可分享的理解,而只是作者具体的意图和动机。[2]作品的真理内容即作品的一般意义、普遍抽象的意义,而作者意图则属于具体意义。这与冯友兰提出的抽象意义或一般意义,与具体意义的区分是相通的,可见作品意义和作者意图的区别其实是诠释学的基本问题。换成冯友兰的语言,也可以说作品的一般意义和具体意义的区分是诠释学的基本问题。

最后来看伽达默尔的哲学诠释学。他反对把理解限定为重构作者心理,他说,如果我们了解了话语与书写文字的差别,那么话语一旦变成了文字,它所包含的作者思想就已不是原先的思想。他说道:

---

[1] 洪汉鼎:《诠释学——它的历史和当代发展》,75页。
[2] 同上。

通过文字固定下来的东西已经同它的起源和原作者的关联相脱离，并向新的关系积极地开放。像作者的意见或原来读者的理解这样的规范观念实际只代表一种空位，而这种空位需不断由具体理解场合填补。

他说："这使我面临一个抉择，就是'在心理上重构过去的思想'，还是'把过去的思想融合在我们自己的思想中'？……我决定反对施莱尔马赫而赞成黑格尔。"[1]就是说，作者的原意已经不重要了，重要的是文字固定下来的文本，这是开放给理解者的。作者的原意即具体意义，文字固定下来的东西就是文字表达的内容真理，是一般的普遍的意义。所以应当被理解的东西不是作者的具体意指，而是普遍的、一般的真理。"在心理上重构过去的思想"，是文本探究型诠释学，而"把过去的思想融合在我们自己的思想"中，则是文本应用型诠释学。我们今天所主张的文化继承实践，强调的也正是这种"过去和现在的综合"的古为今用的精神。

2. 理解

伽达默尔主张，理解的对象和目的不是作者的意图，而

---

[1] 洪汉鼎：《诠释学——它的历史和当代发展》，217页。

是阐明和揭示真理的思想，真理的思想不是作品的具体意义，而是作品的普遍意义，这才是真理。他指出，正如老师向学生讲授欧几里得几何学时，他绝不只是重构或复制欧几里得的意图，而是阐明具有真理性的几何学原理。另外，要真正阐明过去的真理或历史的真理，绝不是单纯重复或复制过去的东西或历史的东西，过去的东西或历史的东西之所以对我们来说是真理，绝不是因为他在过去是真理，而今天不是真理，因此真正的真理性的东西永远是过去和现在的综合。他所说的过去的真理或历史的真理，就是指过去的文本所包含的真理内容。正是在这里，伽达默尔返回到黑格尔。黑格尔在其《精神现象学》里说命运虽然把那些古代的艺术作品给予了我们，而没有把那些作品的周围世界、它们现实的春天和夏天给予我们，但艺术女神却"以一种更高的方式把所有这些东西聚集到具有自我意识的眼神和呈递的神情的光芒之中"。伽达默尔说，黑格尔在这里超出了理解问题在施莱尔马赫那里所具有的整个范围，他"以一种更高的方式"在自身中把握了艺术的真理，因为黑格尔在过去与现在的综合中看到了真理性。[1]也就是说黑格尔是从普遍性真理的层面而不是具体历史性去把握这个问题。

从以上的诠释学发展历史可知，在18世纪以来，诠释学对待文本问题围绕"何为理解"有两种基本路向和形态，一种

---

[1] 洪汉鼎：《诠释学——它的历史和当代发展》，218页。

是强调作者意图的具体历史性的理解路向，以施莱尔马赫为代表。一种是重视文本的真理内容，重视文本的一般意义的理解路向，以伽达默尔为代表。用伽达默尔在上面所举的黑格尔的话为例，他所说的"以一种更高的方式"，即摆脱了具体而上升到普遍一般的方式。黑格尔所说"那些作品的周围世界、它们现实的春天和夏天"就是指作品的具体历史性，而他所说的"艺术的真理"则是普遍一般性，黑格尔显然认为把握艺术真理的普遍性更重要。施莱尔马赫为代表的即是我们所谓文本探究型的诠释学，伽达默尔的哲学诠释学路向，亦即是所谓文本应用型诠释学的路向。施莱尔马赫朝向具体，伽达默尔朝向普遍和一般。贺麟在1957年座谈会也提出文本的超时代的普遍性问题："关于哲学遗产的承继问题……马克思也曾经提出过这样一个问题，当他谈到希腊文艺的社会背景时他说：'困难还不在于理解希腊的艺术和史诗与一定的社会发展形态有关，困难是，它们何以仍能给予我们以艺术的满足，并且就某些方面说，还是当作规范和高不可及的模本。'这个问题换句话说，也就是有一定阶级基础，是一定的社会和时代的产物的哲学或艺术，何以有其普遍性，可以为别的时代、别的社会、别的阶级服务。"[1]马克思说的"与一定的社会发展形态有关"就是黑格尔说的"那些作品的周围世界、它们现实的春天和夏

---

[1] 赵修义等编：《守道1957：1957年中国哲学史座谈会实录与反思》，199页。

天",是指作品或文本的社会历史的具体性;而马克思所说的"艺术满足"和"规范""模本"就是黑格尔所说的作品的普遍性艺术真理。可见马克思自己也遇到了如何肯定文化的超越时代的普遍性价值的问题,并感到困难。我们认为,古人对真善美的把握,对历史经验的总结和对历史规律的揭示,只要是把握了其中的普遍性真理及其表现形式,就会散发其超越时代、跨越国度的永恒魅力。只是,这种真理的本然光芒有时会被特定的历史境况所遮蔽,也会由于人的眼神执着在具体性上而看不到它。

古典诠释学致力追求一种客观的解释,把解释的标准视为对作者意图的复制,其解释是唯一性的和绝对性的。而在哲学诠释学看来,不必追求这样一种文本意义的狭隘的客观性,"因为这样一种客观性丢弃了文本意义的开放性和解释者的创造性"。[1]哲学诠释学特别强调"前理解"或"前见"在解释活动中的重要作用,重视前理解对解释的创造性,认为解释开始于前理解,前理解可以被更合适的理解所代替,这种不断替代的过程构成了理解和解释的意义活动。[2]

伽达默尔写到,理解就不只是一种复制的行为,而始终是

---

[1] 洪汉鼎:《诠释学——它的历史和当代发展》,5页。
[2] 同上书,6页。根据伽达默尔和洪汉鼎的解释,前见应当属于具体的诠释学境况,它是由解释者的传统和现有的生存境况所规定的,应当属于"现时代的参与"。

一种创造性的行为。按照他的看法，任何传承物在每一新的时代都面临新的问题和具有新的意义，因此我们必须重新理解，重新加以解释。传承物始终是通过不断更新的意义表现自己，这种意义就是对新问题的新回答，而新问题之所以产生，是因为在历史的过程中新的视域融合形成，而我们的解释从属于这一视域融合。[1] 所谓视域融合是指，文本是从它的问题视域出发讲话，我们也同样是从我们的视域出发理解，通过诠释学经验，文本和我们的诠释被相互联系起来。视域融合产生了一个原作者所处问题视域与解释者问题视域的一个融合，通过这种视域融合文本和我们得到某种共同的视域。[2] 这也就是过去和现在的综合。伽达默尔提出"传承物"的概念，明确地显示出哲学诠释学与"传承"问题的内在关联。

施莱尔马赫曾力图把真理内容与作者意图分开，只关注作者意图，"这使得诠释学传统本来所具有的真理内容的理解消失不见，更何况原有的应用功能也不见了"，[3] 照伽达默尔的看法，诠释学自古就是一种使文本的意义和真理运用于当下的具体境况的任务，而这些在施莱尔马赫的思想中都消失不见了。这也就是说，只注重具体意义的方法使得文本应用与实践的能力消失不见了。伽达默尔的哲学诠释学就是文本应用型诠

---

[1] 洪汉鼎：《诠释学——它的历史和当代发展》，219页。
[2] 同上书，234页。
[3] 同上书，81页。

释学的代表。

哲学诠释学强调应用实践，其中又特别重视"创造"的观念，强调理解不是复制和还原为具体，而是就文本的普遍意义发生创造的行为、创造的诠释。伽达默尔所代表的哲学诠释学强调一切理解都包含应用，这鲜明地表现了诠释学的实践能力。[1]伽达默尔对创造性的突出强调则表示创造性应当是诠释的本质，这种创造性要体现在应用中。[2]所以，用哲学诠释学的眼光来看文化继承问题，不仅必然强调传承物的普遍意义，还必定强调"创造性地继承"。

3. 文本

在历史上，传统的诠释学主张文本只能有一种真正的意义，哲学诠释学则接受一个文本根据不同理解可有不同意义，从文本意义的一元论转而为多元论，于是本来只对一种意义开放的诠释学变成了向多元意义开放的诠释学。[3]伽达默尔在《真理与方法》中说："文本的意义超越它的作者，这并不是暂时的，而是永远如此。因此理解就不只是一种复制的行为，

---

[1] 洪汉鼎：《诠释学——它的历史和当代发展》，3页。
[2] 郁振华在他的文章《1957年中哲史座谈会上的冯友兰与贺麟》中也注意到诠释学对应用的重视，见《守道1957：1957年中国哲学史座谈会实录与反思》，642页。
[3] 洪汉鼎：《诠释学——它的历史和当代发展》，2页。

而始终是一种创造的行为。"[1]文本的意义超越文本的作者，这就意味着，在重要性上，文本的一般意义要超过作者的具体意图。

还应提到与伽达默尔同时的利科。与历史上的斯宾诺莎近似，利科提出，诠释学的核心问题是语义问题，认为词和语句都有双重的意义或多重的意义（冯友兰所说的命题即是语句），表达语义的结构中，直接的最初的文字意义附加地指称某种间接的引申的比喻的意义。[2]这显然认定，语句的意义除了最初的、文字字面的直接意义外，还有间接的、引申的意义，所以文本的意义不是单一的。利科对文本的定义是"文本就是由书写而固定的语言"。他认为文本完全不同于说的言语，说的言语中，说话者的意向和说出的话的意义常常是重叠的，而在写的言语或文本中，说话者的当下性不存在了，只有文本和它的意义，文本成了独立存在的东西。"文本表明的东西不再与作者意谓的东西一致"。一旦摆脱了说话者的当下性，文本可以超出由说话者这种语境所有的种种历史的社会的限定。说话者不在了，重点就落在了文本及它所说的东西上，而不是作者要说的东西上了。[3]这也是主张理解要超出作者意谓的东西，而进入文本自身超越作者限定的东西。这也就是

---

[1] 洪汉鼎：《诠释学——它的历史和当代发展》，2页。
[2] 同上书，299页。
[3] 张汝伦：《意义的探究》，辽宁人民出版社，1987年，248页。

我们在前面分析过的，具体观念见诸文字，即获得了一般的形式。一旦表达在这带有一般意义的文字形式上，这文字形式便已经是具有相对独立性的普遍形式和共相，而超越了作者的具体意旨。

如前面所说，如果文本的意义不是一元的，文本的意义可以随着不同时代不同人群的视域融合而有不同的意义，则坚持某一种具体意义就没有意义了。既然人的理解完全超越了具体意义，如伽达默尔所说，文本的意义超越了作者的意图，作者的意图是单一的，但文本的意义随着不同的理解而是多元的，人可以根据自己的时代的前理解对文本的意义加以创造性的诠释，以满足实践的应用，这就是创造性诠释。即使是反对伽达默尔的贝蒂也认为存在着"重新创造的"解释类型，即把作者可能的意向或含糊的东西，带到完全的表现。解释者致力于把一种意义语境转换成另一种意义语境，并在这意义上重新创造出作品。[1]

当然，文本的具体意义与作者意图并不能等同，具体意义包含各种具体性，包含着作者意图。二者是同一层次的具体性，但作者意图意旨只是具体意义的例子而不是全部。对我们来说，重要的还不是把作者意图归入具体意义，而毋宁是，哲学诠释学虽然没有明确提出"一般意义"，但其体系肯定文本的一般意义和具体意义的分别，并重视文本的一般意义，从而

---

[1] 洪汉鼎：《诠释学——它的历史和当代发展》，267页。

可视为为冯友兰的哲学方法提供了一种支持。[1]同时，也应看到，文本的一般形式为创造性诠释提供了边界条件，这种规定可以使诠释创造性的方向和范围受到约束，而不会走向毫无约束的反面。

所以，我们并无意于涉入文学领域文本与作者的复杂讨论，[2]只是想表明，诠释学中对文本的不同看法，可能有助于我们对文化继承问题的理论分析。1950年代流行的对传统文化的阶级分析法是一种意识形态的粗暴的简单方法，只是强调作者意图的历史具体性的一种特殊形态；但冯友兰针对文化继承而提出的命题具有一般和具体两种意义，在哲学上自有其价值，而这只有扩展到哲学诠释学的视野，才能更广地理解冯友兰提出文本的两种意义和重视传承物普遍、抽象意义的立场。这也使我们发现了诠释学应用于当代文化的一个重要领域。

很明显，普遍诠释学的方法适用于历史的史料解读，如思想史、哲学史、文学史的学习都需要以普遍诠释学作为基本理解、阅读的方法，以掌握作品的原意、作者的意图，这是

---

[1] 当然，马克思的阶级分析并非与诠释学所说的作者意图分析完全一致，马克思的阶级分析并不是专就作者的声言和意图而言，更强调公开的声言和作者意图可能是虚假的，要求看穿作者其声言之背后客观上代表什么阶级。自然，如果作者明确声言其阶级性，这属于具体意义，也就谈不上一般意义。而马克思似更强调关注那些并未明确声言其阶级性的文本，并力求去揭示其阶级性。然而，如何保证这种揭示是正确的而不是强加的，始终是一个考验。

[2] 可参看张隆溪：《阐释学与跨文化研究》，生活·读书·新知三联书店，2014年，71页。

重要的史学学科方法。而哲学诠释学适用于对文化传承的实践的理解,它所要阐释的,不是一个或一段文本的原始意义,而是一个或一段文本是如何在历史上不断传承、解释、运用的(这种传承、解释、运用是在保持其文字形式的同一性的条件下发生的),它的关注点和思想史史料的细读把握不是一回事情。所以伽达默尔明确说哲学诠释学不是提供具体的理解方法。对我们而言,哲学诠释学面对的是作为文化资源的文本的传承、诠释、活用,对于文本必定是张大其一般性,并加以创造性继承和转化,以合于应用实践的需要。历史上的诠释实践也是如此,最明显者如对"天下兴亡,匹夫有责"的诠释,顾炎武提出这一命题,其具体本意是有关"学统""道统"的兴亡,人人都有责任;但后人运用此命题时无意或有意地都将之理解为对国家的兴亡人人有责,以服务于民族国家的建设。所以,思想史探究面对的文本解读,既需要普遍诠释学以避免误解,确定其具体意义,也需要哲学诠释学以理解其一般意义在历史上发生的变化与作用。而对于文化继承问题,对于文化传承问题,则不需要以普遍诠释学去执着文本的具体意义,而可以完全集中在哲学诠释学对文本普遍一般意义的创造性诠释和应用上。哲学诠释学的努力显示出一个真理,那就是,"创造的继承"与"创造的诠释"在文化的传承发展中占有核心的重要性。这对我们今天理解传统文化的"创造性转化与创新性发展",应当有参考的价值。

总之，文化传承是继承和发展的统一，只有通过创造地继承，和有继承地创造，才能在文化的发展中使文化连续性和创新性得到统一。文化的传承创新应当注重以下几个方面：一、重视文化发展的连续性，继续倡导继承、弘扬中华文化。二、重视对古代文化进行辩证的分析和选择，取其精华、去其糟粕。三、重视典籍文本的开放性和解释者的创造性，古为今用、推陈出新。历史传承的文本在每一时代都面临新的问题、新的理解，而不断需要更新其意义，当代的文化继承，不能停留在文本的训诂层次，而是使文本积极地向新时代开放，把文本的思想和我们自己的思想融合在一起，成为过去与现在的视域融合。当代的文化传承，不是把古代文本的意义视作固定的、单一的，而是使今人与历史文本进行创造性对话，对典籍文本作创造性诠释，对传统文本的普遍性内涵进行新的诠释和改造，以适应当代社会文化的需求。

通过冯友兰的个案，回顾以冯友兰为中心的关于传统文化继承的思想讨论，结合哲学诠释学的视野，我们可以清楚看到，当代中国文化传承发展的关键是从"批判的继承"转变为"创造的继承"，通过对传统文化的"创造性诠释与应用实践"，实现在扬弃中继承，在继承中发展，在发展中创新，使中国文化在保持认同的同时不断发展创新。

冯友兰的教育实践与教育理念

——以其在清华时代为中心

1928年,冯友兰先生随罗家伦代表国民政府接收清华,参加了当时的领导班子,任秘书长;次年辞去秘书长,任哲学系主任。1930年夏,罗家伦辞职后,冯友兰被推选为校务会议主席,主持清华大学工作近11个月。1931年7月起,冯先生任清华大学文学院院长,直至1949年。[1] 1948年冬,梅贻琦离校之后,冯友兰先生再次被推选为校务会议主席,主持清华大学工作;清华解放后被任命为校务委员会主任,正式担任清华大学的领导工作。从1928年进入清华,到1952年转调北大,冯先生在清华曾担任文学院院长达18年之久,并长期担任清华校务领导的核心成员,对清华大学的教育发展,贡献甚大。本文以冯友兰先生在清华时期的教育实践与思想为主,以探讨他对清华教育的贡献。

一 教育事功

冯友兰年轻时即已有从事教育行政的志愿,1925年,在美

---

[1] 实际上冯友兰在1930年6月已任文学院院长,只是因为当时罗家伦已离职,故在程序上加代理之名。

国获得博士学位归国后不久,他应聘在中州大学任文科主任。冯友兰晚年回忆说:

> 这个中州大学的组织,有一个校长,还有一个校务主任,他们两个的分工是:校长对外,办一点奔走应酬的事;校务主任对内,处理校内事务。到1925年,原来的校务主任李敬斋走了,继任的人还没有找到,我通过一位朋友向校长张鸿烈开诚布公地说:"我刚从国外回来,不能不考虑我的前途。有两个前途可以供我选择:一个是事功,一个是学术。我在事功方面,抱负并不大,我只想办一个很好的大学。中州大学是我们一起办起来的,我很愿意把办好中州大学作为我的事业。但是我要有一种能够指挥全局的权力,明确地说,就是我想当校务主任。如果你不同意,我就要走学术研究那一条路。[1]

由于张氏没有同意,冯友兰的这个想法当时没有实现。不过,冯友兰不久进入清华,在清华的二十余年,他多次扮演校务会议主席的角色,他在教育行政事功上的抱负,应该说是基本实现了。[2]

---

[1] 《三松堂自序》,《冯友兰文集》第一卷,长春出版社,2008年,43页。
[2] 1930年河南中州大学聘冯友兰为校长,未到任前由张仲鲁代理。1935年冯友兰到济南,会见原中州大学的同事,他们都对冯说:"你是学问事业都成功了。"《冯友兰文集》第一卷,63页。

1926年春,冯友兰到北京,在燕京大学和哈佛燕京社工作,同时还在北京的外国人华语学校帮忙组织系列中国文化讲演,这个讲演系列为每星期一讲,冯友兰邀请到来讲演的人士有梁启超、王国维等,这应当是他和清华(国学研究院)人士的最早接触。1928年,国民革命军北伐成功,奉系军阀退出北京,北洋政府覆灭。这一年夏天,罗家伦受南京国民政府之命到北京接收清华。罗家伦自己只带了一个秘书郭廷以,到北京后即找到留学美国时期时常往来的北大同学冯友兰和杨振声,四人组成了罗家伦的领导班子,进入清华接收。[1]据冯友兰说,当时"在清华那边,教授和学生也都震于北伐的声威,表示欢迎,我们这个班子就顺利地把清华接收了"[2]。

冯友兰晚年回顾说:"于1928年随同罗家伦到清华,还加入了领导班子。当时的清华,正处在由留美预备学校改变为清华大学的过程中,在这个过程中,我也出了一点力。"[3]罗家伦进入清华后,即宣布清华学校改为国立清华大学,学校由校长为首的三巨头实施领导,即校长、教务长、秘书长,罗家伦任校长,杨振声任教务长,冯友兰任秘书长,三巨头分别住在甲所、乙所、丙所,"三所"成为三

---

[1] 《冯友兰文集》第一卷,50页。
[2] 同上书,51页。
[3] 同上书,210页。

巨头的官邸。[1] 1930年,杨振声到青岛大学做校长。1930年以后,冯先生便长期居住乙所,这也反映了他在清华的地位。

在清华担任秘书长职务,对于冯友兰在中州大学时曾产生的校务理想,应当是合适的。但由于各种原因,这个职务冯先生只做了半年,1929年春便辞去秘书长,同年秋任哲学系主任,这很可能和他已走上"学术研究那一条路"以及正在撰写《中国哲学史》有关。[2] 1930年5月,罗家伦辞职离开清华,此后11个月,清华校长的问题一直未得解决。在此期间,教育部决定,清华的校务由校务会议维持。开始时,由叶企孙任校务会议主席,但叶企孙寻即出国。据《清华大学文科年谱》,1930年6月28日,清华大学第5次教授会议选举冯友兰为候补文学院院长。按冯友兰所任应为代理文学院院长,这使冯友兰得以院长身份参加校务会议。由教育部当时要求,校长离校期间,教授会选举的院长皆为代理院长。《清华大学文科年谱》又载:"7月7日清华大学第19次校务会议,冯友兰为书记,作出请冯友兰自7月10日起批行清华例行公事的决议。"[3] 冯先

---

[1] 冯先生说:"当时有四个住宅区,第一个住宅区叫三所,这是学校的三个巨头住的,校长住甲所,教务长住乙所,秘书长住丙所,这三所也就是他们的官邸。"《冯友兰文集》第一卷,211页。

[2] 照冯先生自己说,"到清华以后,干了些时间行政工作,我觉得在清华当个教授对我最合适"。同上书,53页。

[3] 见《清华大学人文学科年谱》,清华大学出版社,1999年,96—97页。

生批行清华公事,这就等于实际上的代理校长了。

从1930年夏至1931年春,清华的校务会议、评议会以及各委员会都由冯友兰主持。1931年7月翁文灏受命为代理校长,立即聘冯友兰为文学院院长。10月,梅贻琦被任命为清华大学校长,此后,冯友兰一直以文学院院长身份参加7人组成的校务会议。直到解放,他始终是学校决策核心成员之一。

1948年12月中旬,清华解放前夕,梅贻琦离开清华,冯友兰回忆道:

> 校务会议在梅家开例会,散会后别人都走了,只剩下梅贻琦和我两个人。梅贻琦说:"我是属牛的,有一点牛性,就是不能改。以后我们就各奔前程了。"他已经知道我是坚决不走的,所以说了这一番告别的话。[1]
>
> (14日下午)梅贻琦就坐车进城了。次日,校务会议成员自动集合,商量善后事宜。因为我在罗家伦离开清华的时候,曾经担任过校务会议主席,就推我再当一次校务会议主席,我也只好再作冯妇了。[2]

冯友兰再次做了实际上的代理校长。清华解放后,当时负责接管大学的是军管会的文管会(文教接管部),文管会负责

---

[1] 《三松堂自序》,《冯友兰文集》第一卷,82页。
[2] 同上书,82页。

人为张宗麟，由文管会发布命令，设立清华大学校务委员会，以校务会议的成员为校务委员会的委员，以冯先生为主任委员。这是代表新政权正式确认冯先生为清华大学的领导人。但是为时不长，半年后，清华校务委员会改组，由叶企孙担任主任委员，冯先生不再担任主任。不久，冯先生也辞去了校务委员会委员和文学院院长职务，而叶企孙三年之后也黯然离任。这些当然都是由一些政治原因所造成的。宗璞认为清华校史上有两次"危难时刻"，一次是罗家伦辞职离校后的时期，一次是梅贻琦离校南行后的时期，[1]这两个时期的校务都是在冯友兰先生主持下平稳渡过的，也是冯友兰对清华的特殊贡献。

由以上简述可知，冯友兰先生从1928年进入清华之日起至解放初，一直是清华大学的领导核心成员之一，在清华大学的这一段历史中，他的地位只有叶企孙的角色可与之并称，可以说，在老清华时代，冯友兰和叶企孙是梅贻琦的左膀右臂。翟志成甚至认为，从1928年参与接收清华到1949年9月被革去在清华的一切行政职务，在长达21年期间，冯友兰一直是清华园中权力仅次于校长的第二号当权派。[2]

---

[1] 宗璞：《忆父亲冯友兰：他在清华所作的无愧于历史的发展》，人民网，2010年9月16日。
[2] 翟志成：《冯友兰学思生命前传》，中研院近代史研究所专刊（9），2007年，113页。

二　改大废董

冯先生说他参加了罗家伦的领导班子,并且说"我也出了一点力",这指的就是在清华从留美预备学校的体制改变到国立大学的体制的过程(清华历史上多称为"改大")中罗家伦和冯友兰所作的努力。其焦点是反对清华董事会的控制,目标是使清华成为真正的国立大学。

据冯友兰的回忆,清华在20年代中期已经开始照正规大学体制办学,学生分旧制和新制两种,旧制仍照留美预备学校的办法,毕业后放美留学。新制学生是正规大学教育,毕业后不留学,为清华大学的毕业生。但是这一改制,并未得到当时外交部的批准,清华仍然只能称清华学校,不能称清华大学。另外,清华发展大学教育,校舍和设备都要求增加建设,美国退还的赔款每年都有剩余,可是余款皆由清华基金会保管,学校不能使用。这样,外交部、基金会以及董事会都成了清华进一步发展的明显障碍。[1]

冯友兰说:

> 这些不正常的情况,罗家伦到校后,都急需解决。有些事情不需要与别处商量就可以解决的,马上就解决了。……

---

[1]　《三松堂自序》,《冯友兰文集》第一卷,212页。

有些事情是校长的职权所不能办的,那就得大动干戈了。这场干戈是清华反对半殖民地教育的一场严重的斗争,它的对象是清华基金会。[1]

在民国北洋政府时期,清华学校由外交部管辖,不属于中国教育系统,教育部不能管辖。清华校长向上对清华董事会和清华基金会负责。

1927年北伐以后,国民政府定都南京,清华由大学院和外交部共管,清华董事会、基金会都在南京,管理更为不便。因此,清华大学谋求摆脱外交部、董事会的控制,这当然不能不是一场斗争。

1917年北洋政府外交部颁令成立清华基金会,由外交部总长、次长、美国公使三人组成。在基金会下设清华学校董事会,派外交部官员十人为董事。[2] 1920年外交部将原十人组成的董事会改组,定由外交部部员二人与美国公使馆参赞一人组成三人的董事会,董事会掌管学校的最高权力,美国公使成了清华学校的太上皇。[3] 由于清华教职员和学生对董事会不懂教育而掌管权力不满,1927年外交部再度改组清华董事会,在原三人基础上,增加教育专家、财务专家五人为董事,但这五人

---

[1] 《三松堂自序》,《冯友兰文集》第一卷,212页。
[2] 《清华大学校史稿》,中华书局,1981年,14页。
[3] 同上书,14—15页。

中必须有两个美国人。此外又增清华校友一人，共九人组成董事会。九人之中，美国人占三分之一，美国公使馆仍然保留了对清华的控制权。[1] 南京政府成立后，1928年9月成立了新的9人董事会。

1928年罗家伦到校后，进行一系列改革，提出新的发展计划，但却受到了董事会的阻挠，于是从上到下在清华内部形成了取消董事会、隶属教育部的要求，这一场管理体制的改革，史称为"专辖废董"运动。

冯先生自始至终参加了这场运动。1928年12月14日冯先生起草的《国立清华大学教授会致董事会书》，抗议董事会取消市政工程系，其中指出：

> 本校自改组后，一切校务亟需整顿。前贵会开会时，敝会曾本管见所及，向贵会提出建议书：对于本校基金以前保管情况，请彻底清查；对于基金以后保管方法，请组织财务委员会；对于本校以后扩充计划，请借用基金。近据本校校长来电：贵会开会，对于清查基金及设立财务委员会已予通过；惟对于借用基金则从缓议；对于本校已成立之市政工程系则议决于下学期裁撤。闻命之下，不胜惊疑。[2]

---

〔1〕《清华大学校史稿》，16页。
〔2〕《三松堂全集》第十四卷，33页。

然后,冯先生分四点详述市政工程系存在的理由,最后指出,"本校设立市政工程系,久已宣布,举国皆知,今忽自行裁撤,于本校信用大有影响","贵会当通过裁撤该系时,或因距校辽远,不知该系之详细情形","请贵会依本大学条例第十条之规定,速行召集临时会议,或以通信方法,将裁撤市政工程系一案复议取消,本校幸甚!"〔1〕

据《校史稿》,1928年11月29日,新董事会第一次会议"以不得动用基金为辞,否定了罗家伦代表清华大学行政提出的发展计划,和冯友兰代表评议会提出的彻查基金、扩充学校、整顿留美学务等建议"。〔2〕可见冯先生起草的致董事会书中所说的"敝会曾本管见所及向贵会提出建议书",也是由冯先生起草的。董事会不仅否定了这些计划建议,还无理取消了清华业已成立的市政工程系,冯先生起草的这封信,及其中反映的情况,就是清华与董事会斗争的一个明显例子。

更大的斗争在新董事会第二次会议上引发了。1929年4月1日至4日,董事会在南京召开第二次会议,会前冯友兰作为教授会代表来到南京意欲列席会议,不料竟遭到董事会拒绝。《校史稿》:"1929年4月,董事会第二次会议又决定削减学校经费,用来扩大留美生名额,企图恢复清华学校时期的留美政策,直接威胁到清华改建大学的长远发展……"苏云峰《从

---

〔1〕 《三松堂全集》第十四卷,35页。
〔2〕 《清华大学校史稿》,97页。

清华学堂到清华大学》:"会议中诸董事对罗等也不甚客气,如董事会不准教授会代表冯友兰列席,仅允于讨论教授会《改组董事会提案》时出席说明,且发言限制15分钟。冯友兰等了一天,才准与会。开会时主席唐悦良要求冯以'最短时间发言',而其他董事多主限定15分钟。"[1]"冯友兰因受董事会侮辱,返校后即向同仁报告经过,引起全体师生的愤慨,因而产生对清华发展有重大意义的'改隶废董'运动。"[2]

冯先生回忆道:

> 斗争开始还是用合法的形式,由清华校长向基金会申请动用基金四十万元,作为扩建校舍、添置设备之用。另外,由教授会通过一项决议,支持校长的申请。那时基金会在南京开会,教授会推举我为代表,携文件到南京去当面陈述。那些正在开会的殖民主义者和外交部的那些官僚们,完全不了解时代的变化,不认识清华教授会这个不畏虎的初生牛犊,竟然诬称议案甚多,把清华的申请搁置,也不接见我这个代表。经据理力争,他们才允许我出席会议,但发言以十五分钟为限。[3]

---

[1] 苏云峰:《从清华学堂到清华大学1928—1937》,生活·读书·新知三联书店,2001年,23页。
[2] 同上书,24页。
[3] 同上书,212页。

关于这次董事会会议，冯友兰在参加会议后作有《关于清华董事会开会情形的报告》，其中这样说：

> 董事会4月1日开会，本人以教授会代表名义，带有公函赴京，原想出席当不成问题，乃到后携公函前往接洽，竟被拒绝。据云章程上无此规定，不便开，若开例，恐学生会或同学会亦援例请求出席，故仅允许出席说明提案。

据冯友兰说，会议第一天主要讨论理事任职问题，第二天主要讨论清华预算案，第三天讨论教授会议案，报告说：

> 3日讨论教授会提案，本人出席，唐董事嘱发言务要简单，于是先将本校需要建筑情形陈述，并谓清华现在迫切需要的为房子，动用基金利息不过是筹款办法之一种，董事会如有别种妥善办法更好，但不能以不动用基金为理由而打消此项提案。关于第二第三项提案的说明，谓留学余款拨归学校，并谓以后留学名额减少，余款亦应拨校供发展之用。因当时已闻董事会有主张扩充留学名额消息，故说明提案时谈及清华办大学之原意，增加名额的留学政策根本与原意相反，非教授会之意。乃是日别案未议，专通过增加公开留学考试名额至30人一案。

4日上午10点开会，12点闭会后，初闻教授会提案通过，大喜过望。继乃知仅通过需要原则，使校长筹款。又闻5月20日董事会将开特别会，议未决事项，留学公开考试，由董事会主持。

当日到教育部看校长，彼云事无法办，当即拟电稿，报告本校。我亦拍电报，报告情形。[1]

冯友兰拍的电报，即《致吴之椿电》，全文为：

北平清华大学吴之椿先生转教授会议：董事会开会不准本会代表列席，仅允于议及本会提案时出席说明，限定发言十五分钟结束。详校长另电。现校长因政策不行已决心向国府辞职。弟有辱使命，极歉。冯友兰 支（1929年4月4日发自南京）[2]

冯友兰在关于清华董事会开会的报告中，更表达了他对董事会的批评：

除开对人问题，我们只谈董事会之制度，非为妨害清华发展之机关，即为骈枝机关。因董事会不明白清华的情形。

---

〔1〕 《三松堂全集》第十四卷，河南人民出版社，2001年，37—38页。
〔2〕 同上书，36页。

固然有几位是清华的老同学或旧教授,但所知道的是昔日的清华,而非今日的清华。董事中除了任鸿隽先生来校一次外,其余对清华没有来看过。开会的时间,总计连审查会在内不过十五六点钟,除去吃茶点及各种仪式,亦不过十二三点钟。我们预算案编制月余,别的提案亦都经长时间的搜集和会议时的讨论,他们于一两点钟便轻轻决定,这是多么危险的事!

董事会有权无责,故可随意决断而不顾事实,如工程系要取消便取消,要再办一个就再办一个,学校学生方面种种吃亏为难,他们是不管的。又如增加留学公开考试名额,款从何出?亦不计及。

若是董事会完全相信校长及同学,凡有提案,无不完全通过,则其本身无作用,乃一骈枝机关。若他们参加意见,将议案加以修正,立时便有危险。并非他们知识不够或有意捣乱,乃因他们完全与清华隔膜,不明了清华的实际情形及无工夫研究考察。[1]

冯友兰晚年回忆:

我回来向教授会报告经过,到会的人都很愤慨。当即通

---

[1] 《三松堂全集》第十四卷,38—39页。

过决议，向南京政府要求：（一）撤销清华董事会和基金会。（二）将清华纳入教育系统，归教育部管辖，外交部不得干预清华事务。（三）批准动用基金四十万元。（四）批准清华改制，正式成立清华大学。罗家伦携带这些文件亲自往南京交涉。过了不久，他就回来了。所有要求，一律照办。[1]

冯先生个别记忆可能有误，如清华改为国立大学，是罗家伦到清华之前南京政府就决定的，不需要再提。罗家伦在董事会开会前即到南京，6月才回清华，而不是4月董事会会后才由清华去南京交涉。但冯友兰在教授会报告后到会的教授都很愤慨，这是事实。应该指出，这次董事会风潮前后，冯友兰已不担任秘书长，他到南京开会和回来报告都是作为教授会的代表。

　　董事会开会的结果，清华的扩大发展计划不仅没有得到支持，反而预算减少，增多留美名额，这与清华改办大学的方向全然相反。董事会对待清华校长计划、教授会提案的态度，激怒了全校师生。董事会结束后，清华教授会、评议会、学生会先后表态，一致要求废除清华董事会和基金会，要求清华归教育部管辖、外交部不得干预清华事务，要求整顿基金并批准清华扩展计划。教师、学生代表还专程到南京

---

[1]　《冯友兰文集》第一卷，212页。

请愿。1929年5月中旬，国民政府国务会议通过议案（罗家伦起草），清华与其他国立大学一样，改由教育部专辖；清华基金全部归中华文化基金委员会管理，以后与美方无关。同年6月，教育部下令废除清华董事会，并批准了罗家伦草拟的清华校务计划大纲，罗家伦班子计划的生物馆、气象台、图书馆、学生宿舍的建设都列入各年度预算。至此，罗家伦和清华师生的要求基本得到了实现，为清华大学的大踏步发展廓清了道路，这是清华大学的一个重大的胜利，冯友兰在此过程中也尽了一份努力。

三　维持代理

1930年1月阎锡山与南京政府决裂，5月中原大战开始，阎锡山控制华北，北平局势为之一变。在这种政治情形下，受南京政府支持的罗家伦只得辞职离校。罗家伦辞职后，南京教育部令校务会议负责维持清华日常工作，7月校务会议推举冯友兰任校务会议主席，主持工作。此虽无代理校长之名，但实际上是有代理校长之实。

1930年6月阎锡山派其同乡乔万选任清华大学校长，乔系清华出身、美国留学，资历本无问题，但清华师生对乔凭借军阀势力来做校长，甚为反感，因此当阎锡山派武装部队护乔来接管清华时，遭到学生奋力阻止。校务会议当晚致电阎锡山，

教授会随即发表宣言,宣言为冯友兰起草,其中强调:

> 惟本校为一最高学府,一切措施,应以合法手续行之。校长自应由正式政府主持之教育机关产生。若任何机关皆可以一纸命令任用校长,则学校前途将不堪设想。查本校自罗校长辞职后,校务由教务长、秘书长及各院院长组成之校务会议维持,所有计划照常进行;学生学业丝毫未受影响;经费则自去春起由美使馆按月拨给,中华文化基金委员会依法定手续转交本校正式当局,本校基金亦由该会保管,不受任何方面干涉。[1]

这是对军阀干教的理性抗争,坚持校长任用及校务施行,必须经合法手续,应当由正式政府的教育机关颁令,反对军阀势力随意干涉大学事务。乔万选入长清华未能实现,但拥护乔的所谓护校会在乔的示意下通电阎锡山,批评清华事务,企图借军阀势力干扰清华的正常维持。于是,校务会议立即发表声明。由冯先生等起草的这个1930年8月4日发表的声明说:

> 顷见报载有号称清华大学护校会者,致电阎总司令,谓

---

[1]《三松堂全集》第十四卷,44页。

本校形同解散,百事日益废微,不胜诧异。查本会照常维持校务,毫未停顿,且本大学学生自治机关亦只有学生会,特此说明,以明真相。[1]

护校会的致电阎锡山无疑是拥乔派怂恿的结果,冯先生代表校务会议作的声明,立场鲜明,驳斥了阴谋派的谣言,以正视听,并义正词严地表达出学校当局只承认学生会,对各派别势力支持的各种学生组织皆不承认其代表清华大学学生。

8月8日冯友兰发表个人声明《清华现状与我的态度》:

> 十九年6月底教授会举我为代理文学院院长。7月初出席校务会议。校务会议代行校长职权,原有叶企孙先生批阅例行公事,叶先生因即赴欧休假,校务会议推我继叶先生任此事,自7月10日起至今。这是我与清华的关系。
>
> ……
>
> 7月29日夜12点以后,学校里有些匿名标语,说我想当清华校长,说"河南党"要霸占清华,以及其他攻击我个人及"河南党"的话。……校警看见有人贴这些标语,据说校警用手电灯一照,贴的人扔下标语就跑。30日早晨我接到报告,适校务会议开会,即决定次日召集在校学生谈话。30日晚间

---

[1] 《三松堂全集》第十四卷,47页。

学生会代表大会主席李景清君,学生会执行委员会曹盛德君,消夏团执行委员刘心显君,来问何事召集学生谈话。我说为报告校务,并询问大家对于标语之意见。李君等即谓此系一二人所为,乔万选先生即再来接收清华,先生尚无所闻耶?我不常出门,我实尚无所闻。31日暑期留校学生到旧礼堂开会,由我及吴之椿先生、熊迪之先生分别报告校务。提及标语,我说如果我们有错,大家不妨明说。若半夜贴匿名标语,我不希望清华有此等事。及散会回家,有汪吟龙先生在我家等候。汪先生说乔先生愿与我合作,请我仍当文学院院长,张仲鲁先生仍任秘书长,李声轩先生仍任庶务主任。我说张先生已任河南中州大学校长,李先生已受东北之聘,俱已不在清华。我个人在清华与否,更无关系。现在校务会议会员多系教授会推举。故只能依教授会之意而行,教授会已有宣言,不能更改。至此我始恍然于匿名标语之所以来。后又闻乔先生又派人到庶务科会计科运动合作。

自此之后,校内夜间常用匿名标语,或有人半夜用蒲扇盖着脸,在校内马路上撒印有匿名标语之小黄纸条。外间报纸又常造谣言,说校务会议解体,其实校务会议于今日尚在开会,哪有解体的事?

…………

今日各报又载有所谓清华大学读书护校会者,致电阎总司令及发表宣言。此会名清华校内从未见过。会员何人,何时成立，职员何人，校内的人，全不知道。我们校务会议，每星期总开两三次会，每次议决案总不下十余件。校务毫未停顿，皆有事实可查。他偏说校务会议"形同解散，百务益废微"。本校教授下学年因合同期满离校之外国教授有瑞恰慈、常浩德等三人，因休假赴欧美者有吴宓、叶企孙、陈福田三人，因事辞职者只三人。至于新聘教授有黄翼、傅尚霖、王裕光、黄国璋、孙国华、钱端升、李寿恒、托诺夫、闻一多、李运华、傅增湘、史禄国及许鉴等十四人，其中除一二人尚未决定能来与否外，其余均已受聘。此外新聘讲师，尚有多人。他们偏说各系教授"新者固少聘请，旧者复将离校"。我们在旧礼堂大厅广众宣布校务他不听，他们只半夜里贴匿名标语，散匿名纸条，发匿名宣言。他们半夜里贴匿名标语，散匿名纸条，发匿名宣言，诬蔑我们校务会议里面的人，正是想教校务会议解体，教授离校，等到我们不为所动，他们只可捏造事实，蒙蔽当局，欺骗社会了。究竟谁是阴谋家，谁是施毒劣手段，奸诡计谋的，请社会察之。

　　清华有优美的环境，有可靠的经费。教授专心讲学，学生亦有良好的读书习惯。在中国现在的时局下，我们要为青年保留一个读书的地方。我们教授会的宣言，即就此点坚持。我们不享教授们暑假休息的乐利，大热天坐在办公室里维持校务，也就因为我们不忍见清华停顿，不忍使五百在校的学生，及一千多投考的学生，失了他们愿要的清华。

> 所谓读书护校会者,已经把我告在阎总司令那里了,我静坐在清华听候查办。同时我要声明,我受教授会的推举,加入校务会议维持校务,要负我的责任。除非我不能行使职权,除非校务会议,别人全走不能开会,除非教授会撤了他给予我的代理文学院院长之职,除非大多的学生对我失了信任,我一定要遵守教授会的意思,维持清华。"可以托六尺之孤,可以寄百里之命,临大节而不可夺",我的修养还未到此,但我是要照此方向做的。[1]

可见,这一事件的背后是乔万选仍不死心,到清华内部进行活动,怂恿少数学生造谣生事,希图再入清华做校长。对这些活动,冯友兰针锋相对,义正词严,坚决加以抵制,努力维护校务会议的正常工作,让社会了解清华的真实情况。冯先生的这种坚持原则、立场鲜明、不怕得罪外来势力、一切以教授会的决定为依归的态度,充分体现出了他的人格形象的刚健一面。

冯友兰晚年在《三松堂自序》中说:

> 1930年7月下旬,有一天夜里,有人散了些匿名传单,说我把持校务,任用河南人统治清华。其实当时在清华做事的河南人只有几个,而且有些是我代理校务会议主席以前

---

[1] 《三松堂全集》第十四卷,48—51页。

就来了的。这些匿名传单所说的"事实"都是捏造。不过当时我想,有这些匿名传单,是一种信号,说明不知道又有哪一方面的势力要进清华了,我要见机而作。我就向南京教育部打电报,说学校秩序不能维持,请催罗校长返校,或另派新校长。[1]

由以上几件事可见,冯友兰为首的清华校务会议,在校长离职时期,努力维持学校正常工作,在复杂的政治情势中,在坚持学术与教育自主、保卫清华不受军阀控制等方面,起了重要的作用。可以想见,在当时的情况下,如果无人维持或维持不力,清华必定要落入军阀的手中。

1930年9月底,中原大战结束,南京国民政府重新控制北平,教育部希望罗家伦重返清华,但罗不接受。10月10日教育部回电冯友兰与校务会议,称"江电已悉,罗校长辞职,已恳切挽留,现状仍由校务会议维持"。稍后又来电给清华校务会议,称"罗校长一时暂难返,兹派周炳琳教授代理校务"。[2] 周则坚辞不就。据冯友兰说:

---

[1] 《三松堂自序》,《冯友兰文集》第一卷,53页。冯友兰致教育部的电文,据其1930年10月20日《纪念周校务报告》:"上月底北平政局变化,我们希望教育部将清华校长问题早日解决,以免因时局变化另生枝节。故于9月29日校务会议致电教育部,文曰:'属校校长问题,请早日解决,以免因时局另生枝节。'一星期后尚无复电。10月3日校务会议又发一电,文曰:'敬电计达,请早回示。'"《三松堂全集》第十四卷,59页。

[2] 见上引冯友兰《纪念周校务报告》(1930年10月20日)。

周炳琳对我说,"现在清华人对于北大人就有这种想法,罗家伦走了,又一个北大人接,恐怕不好。"周炳琳没有接受南京教育部的委派。又过了一段时间,南京教育部派人对我说,"周炳琳不接,那就由你接吧,不过还是代理校务的名义,以部令发表。"我想周炳琳说的那种情况是有的,他没有接受南京教育部的委派,我更不能接了,我也向南京教育部辞谢了。[1]

1930年冬,冯友兰、周炳琳、郭廷以到南京,劝说罗家伦回清华,但罗家伦已经受命中央政治学校,新校长的任命势在必行了。[2] 冯友兰代表校务会议12月24日致电教育部:"南京教育部蒋兼部长钧鉴:属校校长问题,务恳早日解决,以利进行。清华大学校务会议叩。"相同的电文在此后1931年1月、3月也分别发往教育部催促,催促解决校长问题。1931年3月9日冯友兰又起草了《国立清华大学校务会议上教育部电》并发出,电文为:"南京教育部蒋兼部长钧鉴:支微电敬悉。学生会代表,经劝阻无效,已于今日南下。属校校长虚悬已逾十月,校务会议维持校务,智力俱竭,所有困难情形另文详呈,务乞即

---

[1] 《三松堂自序》,《冯友兰文集》第一卷,53页。当时清华内部的这种排外生态,也应是冯友兰前此辞去秘书长的原因之一。
[2] 苏云峰:《从清华学堂到清华大学1928—1937》,36页。

日解决校长问题，并俯准辞维持校务之责，不胜感激！清华大学校务会议叩，青。"盖3月4日清华校务会议议决向教育部电请卸责，教育部3月5日复电，即支电；同日因清华学生会派代表赴京事，教育部又致电校务会议，即微电。而冯先生起草的3月9日电文就是对教育部支、微电的回应。3月17日，南京政府召开16次国务会议，通过罗家伦辞职，任命吴南轩为清华大学校长。

吴南轩4月16日入校，进校后与清华教授会意见冲突，学生也反对他，决定发动驱吴行动，5月29日，吴被迫离开清华。吴南轩是CC派陈果夫派来的，故教授会与吴南轩之间的冲突其实也表达了对国民党CC派渗透的抗拒。"吴南轩走了以后，南京也没有来追查，原来的校务会议仍旧维持校务。又过了一段时间，南京教育部以部令发表，派翁文灏代理校务。"[1]虽然，4月13日的纪念周报告，冯友兰已经宣布校务会议维持工作的结束，但由于吴南轩引发的风波，直至教育部明令翁文灏代理校务，以冯友兰为首的校务会议的维持工作，才终于完全结束。

除了以上所说的抵制军阀干涉校政，坚持由政府的教育机关管理学校事务等大事，坚持教授会制度以外，在这十一个月间，校务会议还做了以下事情：

---

[1] 《三松堂自序》，《冯友兰文集》第一卷，54页。

由教授会议选举代理教务长、秘书长、院长。

趁1930年美金高涨,余额增加,先行拨还建筑借款,节减利息支出。

施行添建化学馆、新体育馆、新电灯厂、教职员与学生宿舍的扩大计划。

解决教员与学生的宿舍分配问题。

为成府小学募捐。

为拨还建筑借款函请基金会和教育部。

新建筑暖气、卫生、瓦斯、电线装置招标呈教育部备案。

解决图书馆购书问题。

为学生报名资格问题呈教育部。

1931年4月13日,在吴南轩入校前夕,冯友兰作了最后一次《纪念周校务报告》,其中说:

回想自校务会议维持校务以来,忽然已将一年。在这很长的时间中,校内外虽然有些风波,清华在各方面均能照常进行。校内各方面良好的习惯均能保存着,财政方面,用款一百多万,还没有生出什么弊端。我们虽然受尽劳怨,幸喜尚无大过。这一次纪念周,也许就是校务会议维持校务时代的最后一次,所以谈谈这些回想。[1]

在这样一个特别时期,处在如此复杂的政治局势之中,既要与各方打交道,又要坚持清华的传统,的确是非常不容易,冯友兰在这一从罗家伦辞职到梅贻琦到任的转变期中,为清华的稳定发展,发挥了重要的作用。

四 教授治校与教育民主

冯先生对清华前期教育经验中"教授治校"一点特别重视,并以之作为自己的教育理念,他自己也是力行这一教授治校精神的模范。

据《校史稿》:

> 1925年开办大学部以后,行政体制上开始成立了以校长为主席的十人校务委员会,成员除有关行政负责人外,还有由教员会议选出的教员代表四人参加,初露"教授治校"的端倪。1926年曹云祥接受了教授治校的原则,制定了《清华学校组织大纲》,取消了原教职员会议,成立了教授会;取消了校务会议,设立评议会。评议会由教授选出的代表参

---

[1] 《三松堂全集》第十四卷,97—98页。

加，成为校内最高权力机关。校长个人专权局面受到限制。[1]

《校史稿》把清华改建大学时期的制度称为"这一时期，清华的行政体制，是实行在校长控制下的教授治校制度"。[2]教授治校的原则和实践，作为对校长专权的限制，具有教育民主的意义。

据苏云峰的研究，教授治校的理念并非来自美国，而是蔡元培模仿德国大学模式，1912年任教育总长时创议，1919年在北京大学实行。先设立评议会，让多数教授代表参与学校立法事宜，其次设各科（系）教授会，由教授公举科系主任，再其次是组织行政会议，负责教学以外的行政事务。[3]

1924年北京政府教育部颁布《国立大学条例》，依此条例，国立大学设评议会，由校长、正教授与教授代表组成。各系及大学院得设教授会，由本科系及大学院之正教授、教授组织，负责课程规划等。[4]

清华改大期间，1926年曹云祥校长接受教授要求，颁布《清华学校组织大纲》，规定设立评议会与教授会。评议会权力较高，但清华教授会是由全体教授组成，超越科系，负责事

---

[1] 《清华大学校史稿》，23页。
[2] 同上书，108页。
[3] 苏云峰：《从清华学堂到清华大学1928—1937》，2页。
[4] 同上书，3页。

务也是全校性的。这与北京政府的国立大学条例是不同的。大纲规定之大略如下:

> 评议会:以校长、教务长,及教授会互选之评议员七人组成,校长为当然主席。……议决教授、讲师与行政部门各主任之任免。
>
> 教授会:以全体教授及行政部门各主任组织之,以校长为主席,教务长为副主席。……选举评议员及教务长。

二者互相制衡,评议会议决提案,应先征求教授会意见,其决议如经教授会三分之二否认时,应交评议会复议。[1]

不过,1928年南京国民政府接管清华,由大学院会同外交部订定了《国立清华大学条例》,加强了教育部和校长的权力,相对减弱了清华评议会和教授会的原有权力,与清华原有的1926年《组织大纲》有所不同。除了教授会、评议会外,条例增列了"董事会"一条。

观察《条例》,其中规定设教授会,以大学全体教授组织之,但删去了教授会原有的四项权力:选举教务长,否决评议会决议,推荐教授、系主任。又规定设评议会,以校长、教务长、秘书长,及教授会所互选的评议员四人组织之(共七

---

[1] 苏云峰:《从清华学堂到清华大学1928—1937》,4页。

人),较前相比,新增秘书长一人,减少教授代表三人,教授代表人数在评议会由绝对多数变为仅过半数,评议会权力亦被删去选举校长、行政主任等。[1]

在1929年夏废董成功后,1929年6月22日修订发布《国立清华大学组织规程》,除了规定清华专辖于教育部、删除原董事会条之外,其体制为:

> 1. 教授会:由全体教授副教授组成,校长为当然主席,为全校最高权力机构,可选举评议员和院长。
> 2. 评议会:由校长,教务长,秘书长,文、理、法、工四院院长七人,及教授会选出的七位评议员组成,相当于教授的常务委员会,是学校的立法机构。
> 3. 校务会议:由校长、教务长、各院院长组成,是处理日常行政事务的行政机构。

《规程》取代了《条例》,新添了"院长由校长就教授中聘任"一条。在实际运行方面,关于第一条中教授会选举院长一项,罗家伦时期校长与教授达成共识,由教授会对每一院长选出候选人二人,院长就其中择聘一人,得连选连任。这成为教授会保持其权力和影响的很重要的一项,后来与吴南轩的

---

[1] 苏云峰:《从清华学堂到清华大学1928—1937》,6页。

冲突皆基于此。评议会里的教授代表也从原来的四人增加为七人，这些都显示了教授权力比起1928年《条例》规定的有所增加。[1]

在1928年的《条例》和1929年的《规程》中，教授会已经无权选举教务长、院长，而在罗家伦辞职到梅贻琦接任校长之间，校务会议处理校务，这一时期向教育部争取到了由教授会选举代理教务长、秘书长、代理院长的临时权力。于是，校务会议成员、评议会成员都由教授会选举产生，教授权力扩大，恢复到1927年清华教授会的地位，教授治校成为事实。[2]

冯友兰在这一时期任校务会议主席，所以对此印象最深。他回忆说：

> 教授治校是蔡元培到北大后推行的措施之一……规定教务长由教授选举，每两年改选一次。我在北大的时候，以学生的地位，还不很了解所谓"教授治校"究竟是怎么个治法。后来到了清华，以教授的地位，才进一步了解所谓"教授治校"的精神。[3]

所谓"教授治校"，在清华得到了比较完整的形式。在罗家伦到校以前，清华本来有"评议会"，由行政当局和教授

---

[1] 苏云峰：《从清华学堂到清华大学1928—1937》，108页。
[2] 《清华大学校史稿》，110页。
[3] 《冯友兰文集》第一卷，205—206页。

会的代表组成。学校的规章制度必须由评议会通过，重要措施必须由评议会审议，才能执行。罗家伦尊重这个组织，当时他和教授会有异议的，是院长人选的问题。清华设文、法、理、工四个学院，每院有一个院长。罗家伦主张，各院院长由校长就教授中聘任；教授会主张，由教授会选举。这是一个校长和教授会怎样分权的问题。因为院长不仅负责管理本院的事务，还有出席学校的各种重要会议的权利。照清华后来的实践，后者尤其重要。因为各院的事情，主要是各系分办了。此项异议，经过商量，达成协议：每个院长由教授会在教授中选出二人为候选人，由校长就其中选定一人，加以聘任。任期二年，可以连任。

校长、教务长、秘书长和四个院长组成校务会议，处理学校的经常事务。四个院长也出席评议会，为当然评议员。这样就有了三级的会议。评议会好像是教授会的常务委员会。校务会议又好像是评议会的常务委员会。因为这三级会议还各有自己的职权，各有自己的名义。校务会议不能用评议会的名义办事，评议会也不能用教授会的名义办事。这种教授治校的形式，除了在西南联大时期没有评议会之外，一直存在到1948年底。[1]

---

[1] 《冯友兰文集》第一卷，215页。

冯先生说的"后者尤其重要",指的就是院长是学校评议会成员,也是校务会议成员,参与处理学校的日常工作。

如吴南轩1931年4月16日到清华就职,首先遇到的问题就是冯友兰和其他几位院长的辞职与聘任,在这个问题上吴与清华教授会传统发生严重冲突。据冯友兰4月13日的《纪念周校务报告》:

> 四月初二日教授会例会,教务长及各院院长已提出辞职书,教授会已予通过。教务长及各院院长所以辞职者,因从前教授会选举教务长院长时,系奉教育部电令,部令中只教选举代理教务长院长,所以现在的教务长院长,都是代理性质。校长到校后,即应另聘正式教务长院长,现在的代理教务长院长所负责任即告终了。[1]

吴到任后,冯友兰、叶企孙等几位院长立即提出辞职,这并不是几位院长不支持校长,而是从程序上说必须如此,因为代理院长的职责是到校长来校为止。如果吴南轩依照清华罗家伦时的规定和传统,到校之后,从教授会推选的二人中聘任院长,冯友兰等是可以继续担任院长的。但是,吴南轩摒弃了由院长教授先推选的习惯做法,强调校长的权力,这就与清华教授们

---

[1] 《三松堂全集》第十四卷,97页。

发生了冲突。

《三松堂自序》对此事的回忆：

> 罗家伦是乘北伐之余威，打着革命的旗帜，进入清华的。罗家伦本人在当时的学术界和教育界是后进，不能说有什么威信，但是作为五四运动的一个学生领袖，他还不失为一个全国皆知的名人。……而吴南轩本人确实是无名之辈，不过他终于来了。带来了一个新教务长，是个清华毕业的校友，他大概想依靠这位教务长和清华教授们拉关系。他到校了，原来的校务会议向他办交代。交代以后，四个院长同时辞职，吴南轩表示挽留，说是务必要合作，并向四个原来的院长发出聘书。我们对他说，我们愿意合作，但是按照清华的办法，院长要由教授会提名，请校长召集教授会，如果教授会提名中还有我们，我们就接受聘书，不然就不能接受。大概吴南轩也听说清华教授会在学校中有很大的权力，在学生中有很高的威望，所以要借这个院长聘任的问题，和教授会较量一下，给教授会一个下马威。他坚持说，聘任校长是校长的职权，教授会不能过问。他看我们坚决不接受聘书，就在教授中物色别人，可是教授们都不理睬。……吴南轩和教授会相持不下，学生就说话了。学生对于吴南轩本来就不满，这时就站在教授会这一边。学生会也通过决议案：驱逐吴南轩。在这番较量中，吴南轩失败了。他虽然已经进校，接了

校长的权,但是不得不悄悄离开学校,回南京去了。[1]

吴南轩是1931年4月16日进入清华的,5月28日教授会议决议,认为吴到校后"惟务大权独揽,不图发展学术,加以蔑视教授人格,视教员如雇员,推选张奚若、蒋廷黻、金岳霖等7人起草呈文致教育部""请另简贤能为本校校长"[2],学生亦于当日声明驱吴。吴于5月29日离开清华逃入北平东交民巷。教授会代表冯友兰、张奚若、吴有训于6月14日南下请愿,要求吴去职。吴氏最终于6月25日离开北平。可见,在与吴南轩的斗争中,冯先生扮演了坚定维护清华教授治校传统的角色,发挥了重要的作用。[3] 而翁文灏代理校务一开始,7月11日就续聘冯友兰为文学院院长[4],翁文灏本来是罗家伦时代来清华的教授,他知晓清华的教授会传统,所以必然是按照罗家伦时代教授会选举二人再由校长择其中之一的办法来聘任院长的。翁文灏很清楚,院长聘任确定,校务会议才能在校长领导下正常开会,处理日常工作。

西南联大时期,冯友兰作为联大的文学院长,对教授治校

---

[1] 《三松堂自序》,《冯友兰文集》第一卷,53—54页。
[2] 苏云峰:《从清华学堂到清华大学1928—1937》,39页。
[3] 吴南轩是CC派陈果夫派来控制清华和北平知识分子的,故冯友兰和清华教授会对吴南轩的抵制包含了对CC派控制清华和北平知识界的抗争意义。关于陈果夫派吴南轩到清华,可参看苏云峰:《从清华学堂到清华大学1928—1937》,36页。
[4] 见《清华人文学科年谱》,109页。

传统在西南联大的延续和变化,感受尤深:

> 三校有一个传统,就是"教授治校"。这个传统联大也继承和发扬了。其表现为教授会的权威。这种权威在学校正常的情况下,不显得有什么作用;但是遇到学校有对内或对外的大斗争的时候,这种权威就显出作用了。[1]

照冯先生的认识,西南联大在抗战期间的主要任务,就是"在战争的艰苦条件下,维持正规教育,发扬五四传统。这就是西南联合大学的历史意义"[2],这里所说的"五四传统",应主要是指"五四"以来大学的教授治校的民主传统。上面这段话也说明,北大、清华、南开都有教授治校的传统,这个传统在西南联大的大部分时间也得到了继承和发扬。而其中一个很重要的原因,是联大内部事务都由梅贻琦负责和多数清华职员办理的,教授治校传统当然就更容易在联大推行了。

可以举一个例子,1940年6月西南联大教务会议致联大常委会函,反对教育部对大学课程不厌其烦地加以规定:

> 敬启者,屡承示教育部二十八年十月十二日第25038号、二十八年八月十二日高壹3字第18892号、二十九年五

---

[1] 《三松堂自序》,《冯友兰文集》第一卷,221页。
[2] 同上书,219页。

月四日高壹1字第13471号训令，敬悉部中对于大学应设课程及考核学生成绩方法均有详细规定，其各课程亦须呈部核示。部中重视高等教育，故指示不厌其详，但准此以往则大学将直等于教育部高等教育司中一科，同人不敏，窃有未喻。夫大学为最高学府，包罗万象，要当同归而殊途，一致而百虑，岂可刻板文章，勒令从同。世界各著名大学之课程表，未有千篇一律者；即同一课程，各大学所授之内容亦未有一成不变者。唯其如此，所以能推陈出新，而学术乃可日臻进步也。如牛津、剑桥即在同一大学之中，其各学院之内容亦大不相同，彼岂不能令其整齐划一，知其不可亦不必也。今教部对于各大学束缚驰骤，有见于齐无见于畸，此同人所未喻者一也。教部为最高教育行政机关，大学为最高教育学术机关，教部可视大学研究教学之成绩，以为赏罚殿最。但如何研究教学，则宜予大学以回旋之自由。律以孙中山先生权、能分立之说，则教育部为有权者，大学为有能者，权、能分职，事乃以治。今教育部之设施，将使权能不分，责任不明，此同人所未喻者二也。教育部为政府机关，当局时有进退；大学百年树人，政策设施宜常不宜变。若大学内部甚至一课程之兴废亦须听命教部，则必将受部中当局进退之影响，朝令夕改，其何以策研究之进行，肃学生之视听，而坚其心志，此同人所未喻者三也。师严而后道尊，亦可谓道尊而后师严。今教授所授之课程,必经教部之指定,其课程之内容亦须经教部之核准,使教授在学生心目中为教育部之一科员不若,在教授固已不能自展其才;在学生尤启轻视教授之念,于部中提倡导师制之意适为相反,此同人所未喻者四也。教部今日之员司多为昨日之教授,在学校则一等不准其自展,在部中则忽然周智于万物,人非至圣,何能如此,此同人所未喻者五也。然全国公私立大学之程度不齐,教部训令或系专为比较落后之大学而发,欲为之树一标准,以便策其上进,别有苦心,亦可共谅,若果如此,可否由校呈请将本校作为第……号等训令之例外。盖本校承北大、清华、南开三校之旧,一切设施均有成规,行之多年,纵不敢谓为极有成绩,亦可谓为当无流弊,似不必轻易更张。若何之处,仍祈卓裁。此致常务委员会。[1]

此信据何炳棣先生估计,"作者非冯友兰莫属"。经查原稿并无署名,但其中的思想和提法与冯友兰在这一时期关于教育理念的提法完全一致,应该是冯友兰执笔,代表教授和教务会议的意见。如冯友兰在《论大学教育》文中说:"一个大学不能是教育部高等教育司的一科。严格说,一个大学应该是独立的,不受任何干涉。"又说:"教育部的人特别不了解这一

---

[1] 《冯友兰论教育》,人民出版社,2010年,127—128页。

点，认为大学是属于高等教育司的一科，彼此没有分别，不管什么事就立一个规章令所有的大学照办。"[1]事实上，这一时期中共也把教授治校看作一种民主，《新华日报》1946年2月6日社论《学校要做民主的堡垒》中就说得很清楚："学校应该让真心从事教育事业的学者去办，西南联大所行教授治校制极值得赞美，教育行政机关只能处于辅助地位，……此后，教科书的统制应该取消，让学者根据民主与科学的精神而自由地编撰，……学校内教师讲学、学生讨论的自由应该做到充分的保障。"

不过，1945年抗战结束，内战迫在眉睫，国内政治分裂的状况不能不影响到学校内，1945年11月下旬至12月初，昆明和联大发生了"反内战、争民主"的"一二·一"学生运动。就这一运动对联大的教授会的影响而言，冯友兰的回忆是：

> "一二·一"运动结束以后，联大在表面上平静无事了，其实它所受的内伤是很严重的，最严重的就是教授会从内部分裂了，它以后再不能在重大问题上有一致的态度和行动了。从五四运动以来多年养成的教授会的权威丧失殆尽了。原来三校所共有的"教授治校"的原则，至此已成为空洞的形式，没有生命力了。[2]

---

[1] 《三松堂全集》第十四卷，161、163页。
[2] 《三松堂自序》，《冯友兰文集》第一卷，223页。

这是冯友兰最痛切的感叹。教授会发挥正常作用的前提，是教授们在重大而基本的问题上有共识，当政治或其他因素分化了教授们的立场时，教授会就很难再作为一个独立的力量发挥作用了。虽然冯友兰这里说的是联大教授会，但1945年以后至1948年底，由于国共关系的紧张，恐怕复员后回到北京的清华、北大的教授会都是如此。固然，人们可以说冯友兰的看法是书生之见，未能从政治的角度来看待学校内部的问题，但从这里确实可以看出冯友兰对教授治校原则的珍视，也由此可以看出他的教育理想。

1946年5月，冯友兰作《西南联合大学纪念碑碑文》，其中说：

> 万物并育而不相害，道并行而不相悖，小德川流，大德敦化，此天地之所以为大。斯虽先民之恒言，实为民主之真谛。联合大学以其兼容并包之精神，转移社会一时之风气，内树学术自由之规模，外获"民主堡垒"之称号，违千夫之诺诺，作一士之谔谔，此其可纪念者三也。

冯友兰用《中庸》的"万物并育而不相害，道并行而不相悖"解释民主，把兼容并包看作民主精神的表现，把学术自由看作民主在学校教育中的体现，表达了西南联大师生以民主理念追求教育的精神。

五　教育理念

在《三松堂自序》中，冯先生在回顾蔡元培主长北大的教育经验时指出学术权威和学术名师的重要性：

> 学校的任务，基本上是传授知识，大学尤其是如此。一个大学应该是各种学术权威集中的地方，只要是世界上已有的学问，不管它什么科，一个大学里面都应该有些权威学者，能够解答这种学科的问题。
>
> 大学应该是国家的知识库、民族的智囊团。学校是一个"尚贤"的地方，谁有知识，谁就在某一范围内有发言权，他就应该受到尊重。《礼记·学记》说："师严然后道尊。"所尊的是他讲的那门学问，并不是那某一个人。……再重复一句，所尊的是道，并不是人。在十年动乱时期，人们把这句话误说为"师道尊严"。其实应该是说"师严道尊"。
>
> 张百熙、蔡元培深深懂得办教育的这个基本原则，他们接受了校长职务以后，第一件事情，就是为学生选择名师。他们也知道，当时的学术界中，谁是有代表性的人物。先把这些人物请来，他们会把别的人物都召集来。张百熙选中了吴汝纶。蔡元培选中了陈独秀。吴汝纶死得早了，没有表现

出来他可能有的成绩,而陈独秀则是充分表现了的。[1]

冯先生对师严而后道尊的解释,是合于《礼记》古义的,但就学校教育而言,尊道和尚贤是不可分离的。教育的目标是尊道,但教育的实践要尚贤,尚贤就是尊重名师,因为名师能够把道讲得最好,于是尊道和尊师就成为一致的了。所以,"尊师重道"那句话还是最合乎古代教育思想的。

对于北大,冯先生所总结的教育经验是"学术至上、兼容并包、教授治校,自由王国",认为这既是北大蔡元培的经验,也是一切大学应当提倡的教育方针。他还以北大的学术至上的口号,反复强调"为学术而学术",即反对为做官而学术,反对为发财而学术,反对为名利而学术,主张为求真理而学术,这就是为学术而学术。他认为大学就应该是为学术而学术的机构。

关于大学培养人的问题,在老清华时代也是经常讨论的问题,冯先生说:

> 当时教授会经常讨论而始终没有完全解决的问题,是大学教育的目的问题。大学教育培养出来的是哪一种人才呢?是通才呢,还是专业人才呢?如果是通才,那就在课程

---

[1] 《三松堂自序》,《冯友兰文集》第一卷,203—204页。

设置方面要求学生们都学一点政治、文化、历史、社会，总名之曰人文科学。如果是专业人才，那就不必要有这样的要求了。这个分歧，用一种比较尖锐的提法，就是说，大学教育应该是培养"人"，还是制造"机器"。这两种主张，各有理由，屡次会议都未能解决。后来，折中为大学一二年级以"通才"为主，三四年级以专业为主。[1]

通识教育的问题晚近讨论甚多，老清华教授会也常常加以讨论。如果是通才教育，就在大学四年全部上通识课程；如果是专才教育，四年就全部上专业课程，不上任何通识课程。在理论上这两种主张谁都未能说服另一方，于是在实践上呈现的是折中的安排，大学前两年上通识课程，后两年上专业课程。这个结构，即使到今天，也还是世界一流大学的普遍选择。

在"贞元六书"的《新事论》里，冯先生也谈到教育问题，主张教育社会化，但反对教育商业化，认为人格的教养，社会的"化"比学校的"教"更重要、更有作用。[2]

1945年9月冯先生发表了《大学与学术独立》，比较集中地阐发了他的教育思想和大学理念：

中国现在号称为世界强国之一，从形势上说，我们确

---

[1] 《三松堂自序》，《冯友兰文集》第一卷，215—216页。
[2] 详见《新事论》，《冯友兰文集》第四卷，199—204页。

切是得了成为世界强国之一的机会,这个机会是以前未曾有底。假使失去了它,以后也许永远不会再有底,这个机会是一个空前绝后底机会。我们必须利用它,努力充实我们自己,使我们能够真正成为世界强国之一。

要达到这个目的,我们就要做许多事情,其中最基本底一件,是我们必须做到在世界各国中,知识上底独立,学术上的自主。[1]

知识和学术的自主与独立,是冯先生认为中国实现其世界强国梦想的最基本的步骤。事实上,学术的独立是近代中国教育界的始终不变的理想。当年罗家伦在清华校长就职典礼上的讲话就是强调中国的学术独立,要使中国学术在世界上获得与欧美等国独立、平等的地位。更早地,在冯友兰从美国刚刚回国不久,在中州大学发表文章《怎样办现在中国的大学》,在这篇文章中他提出:第一是"输入新学术","整理旧东西",这应当是呼应胡适的输入学理、整理国故的主张;第二是"中国现在须力求学术上的独立",摆脱依附洋人的学术研究现状。可见,冯友兰早就认为,中国在各领域都缺少独立的近代研究,争取学术独立自主是与争取政治独立具有同样重要性的工作。

在《大学与学术独立》中他继续说:

---

[1] 《南渡集》,《三松堂全集》第五卷,河南人民出版社,2001年,456—457页。

> 目前急要决定底,就是要树立几个学术中心。其办法是把现有底几个有成绩底大学,加以充分底扩充,使之成为大大学。
>
> 说到大学,有些人以为不过是比中学高一级底学校而已。这种意见,我们不能说是完全不对,但确不是完全对。大学一方面是教育机关,一方面是研究机关。它不但要传授已有底知识,而并且要产生新底知识。他应当是一代知识的宝库。他对于人类的职务,真正是所谓继往开来。从前人说:一事不知,儒者之耻。现在应当说一事不知,大学之耻。[1]

冯先生认为,大学是教育机关,传授已有的知识;大学又是研究机关,要产生新的知识。继往开来就是文化的传承与创新,这是大学的本质。在冯先生的理解中,研究对于大学的重要性绝不下于教学,因为产生新知识已经是今天社会发展的基本需要。文章又说:

> 从前一个三家村的教书先生,实际上有两重任务。一重任务是教学生读书,一重任务是当那一村里人的知识顾问。那一村里人在知识上有什么不能解决底问题,都要去请教

---

[1] 《南渡集》,《三松堂全集》第五卷,457页。

他。一个真正的大学,在一国家里底地位,也正是如此。他应当是一个专家集团,里面应该是什么专家都有。这一种专家集团,是国家的智囊团,教育学生,也是这些专家的职务,但不是他们的唯一底职务。[1]

这就是说,大学不仅是教育场所,还应该是国家的智囊团体。冯先生晚年仍然主张这种看法,就是大学应当是国家和民族的智囊团。综合上面几种看法,冯先生认为大学承担着三种基本功能,即教育学生、学术研究和国家咨询。而能满足这三种功能的大学,他叫作"大大学":

> 我所谓大大学就是这一类的大学。我说大大学,因为在世界各国中,不见所有底大学都能负起这个任务。事实上有些大学真不过是比中学高一级底学校。严格地说,这些大学,不应该称为大学,不过事实上他们也称为大学,所以我们可以称真正底大学为大大学。在世界各国中,不见得所有底大学都是大大学,但在世界的强国中,每一个强国都必有几个大大学。
>
> 我们要成为一个真正底世界强国,我们必须集中人力财力,把几个已有成绩底大学扩充起来,使他们能够包罗万象,负起时代使命。万不可用所谓平均发展的政策,使现在

---

[1]　《南渡集》,《三松堂全集》第五卷,457页。

所有底大学都弄到不大不小、不高不低的样子。当然我们也不反对所谓平均发展。不过这应该是以后的事。我们首先需要底，是建立学术中心。有了这个中心，然后学术界才有是非的标准，一国的学术水准才能提高。[1]

按我的理解，"大大学"也就是我们今天所说的重点大学。冯先生对中国高等教育发展的这种看法，与1998年以后的现代中国高等教育发展的战略有一致性，即主张国家要集中力量发展几所最有基础和条件的重点大学，以满足建设世界强国的国家需要。

我们不知道冯先生这些强调满足建设世界强国的需要，有什么特殊的背景，事实上，冯先生更一贯强调决不能用功利主义的要求看待大学和知识，这一点对于冯先生的教育理念似乎更为本质。他说：

> 对于大大学不可有急功近利的要求。学术知识，对于人生的功用，不是短时间之内所能看出来底，也许有些是永远看不出来底，因为有些功用是无形底。一个大大学中，必须有许多很冷僻底学问。因为他是要包罗万象，而有许多学问，无论在何时何地，都是冷僻底，然而维持这些学问的研究，正是大大学的责任。因为所谓"红"底学

---

[1]　《南渡集》，《三松堂全集》第五卷，457—458页。

问，例如经济、工程之类，银行、工厂都会提倡。在工业化底国家，哪一个银行工厂里，都有大规模底研究室。所谓冷僻底学问，是要专靠国家提倡底。大家在大大学里维持这种学问于不坠，有没有有形底功用，以至于学这种学问底学生是多是少，国家社会都不必介意。[1]

对于各种学科和学问，决不可有功利的要求，用功利标准去否定一些学问存在的理由，是根本错误的。与今天一样，经济类、工程类学科是当时人们追求的学科，而冯先生认为，大学特别是国立大学，则应从知识和学术的全体发展考虑，留意支持每个时期不同的冷僻学科，要从长远的角度来理解学术的功用，许多学问的功用是无形的，国家决不能以功用论英雄，对学术要平等对待。

最后，冯先生强调国家和社会不要干预大学的研究自由、管理自治、评价自主和自行选择人才：

> 对于大大学，国家社会要持不干涉的态度。学问越进步，分工越细密。对于每一门学问，只有研究那一门底专家有发言权。大大学之内，每一部分的专家，怎样进行他们的研究，他们不必使别人了解，也没有法子使别人了解。在他

---

[1] 《南渡集》，《三松堂全集》第五卷，458页。

们的同行当中，谁的成绩好，谁的成绩坏，也只有他们自己可以批评。所谓国家社会，要与他们研究自由，并且要与他们以选择人才的自由。每一个大大学都应该是一个所谓"自行继续"底团体。这就是说，一个大大学的内部底新陈代谢都应该由他自己处理。由他自己淘汰他的旧分子，由他自己吸收他的新分子，外面底人，不能干涉。若要干涉，那就是所谓"教玉人雕琢玉"了。

一个国家，必须有些大大学，而大大学必须在这些情形下，才能发展。我们的国家得了空前的胜利。建国的计划，也必须空前的伟大，才可以与我们机会环境相配合。建立大大学应该是这种伟大计划的一部分。[1]

后来冯先生在《论大学教育》中也说，"所谓'自行'就是一个大学内部的新陈代谢，应该由它自己决定、支配，也就是由它自己谈论、批评，别人不能管"。[2] 在这一点上，冯先生应该也是受了北大和联大的自由风气的影响，所谓国家社会不要干涉大学的研究，应指政府和教育部不应干涉大学的研究，研究的评估也不应由政府或教育部主导，这才是研究的"自由"。大学应能自主选择人才，不受社会的干预，社会的人事制度、户籍制度、医疗制度等都不应该阻碍大学自主选择人

---

[1] 《南渡集》，《三松堂全集》第五卷，459页。
[2] 《三松堂全集》第十四卷，161页。

才。大学如果没有自主性，事事受制于教育机关和政府其他机关，是一定不能办好的。可以说，冯先生对大学运行活动的理解，是特别重视其"自由"与"自主"的。

冯先生在这篇文章中的主要观点，在1948年6月的《论大学教育》中再次被加以阐明。在《论大学教育》中，冯先生特别就关于培养人的人—器之辨问题，再加申发：

> 大学既是教育机关，又是研究机关。但是它所教育出来的人是什么样呢？简单说来，它所训练出来的人也有特殊机能。但只有特殊机能还是不够；所谓"特殊机能"就是"器"，如茶杯可盛水，凳子可坐；人如只有机能，他就是一个"器"。职业学校的毕业生就是器，或者说他是大器，但无论如何大总是一个器。孔子说"君子不器"，现在可以说人不只是一个器。此处所谓"人"是合乎理想的人，不只是一个肉体的人。它不同于器，器是一种工具，别人可以利用它达到某种目的。一个人不是工具，除了有专门才能贡献人类外，他还是一个"人"；"人"是什么？如何成为一个"人"？所谓"人"，就是对于世界社会有他自己的认识、看法，对已往及现在所有有价值的东西——文学、美术、音乐等都能欣赏，具备这些条件者就是一个"人"。所以大学教育除了给人一专知识外，还养成一个清楚的脑子、热烈的心，这样他对社会才可以了解、判断，对已往现在所有的有价值的东西才可

以欣赏。有了清楚的脑、热烈的心以后,他对于人生、社会的看法如何,那是他自己的事,他不能只在接受已有的结论。一个学校如果这样做,那就成了宣传,训练出来的人也就成了器。这是职业生和大学生不同的地方。[1]

"器"是专门技能的人才,"人"是对真善美具有综合理解和认识的人;"器"是工具性的人才,"人"是理想的人格。器的特点是专,是对很少的事情知道很多。教育的目的不仅要培养有专业知识的人,更要考虑培养有理智、有热情、对社会有承诺的人。

总之,冯先生的教育理念,认为大学有三项基本功能,教学、研究、咨询;主张教育的目的不是仅仅培养专家之器,更要培养通才之人;强调国家和社会不要干预大学的研究自由、管理自治、评价自主和自行选择人才;提倡学术至上、名师中心、教授治校。他的这些看法虽然都是基于老清华时代的经验总结出来的,但在今天也还有其值得参考的意义。

(仅以此文纪念冯友兰先生诞辰115周年,逝世20周年)

2010年8月于清华

---

[1] 《三松堂全集》第十四卷,162页。